co... ritmo del amor

neil clark warren, Ph. D.

*Dedico este libro con gratitud a
Richard A. Hogan,
mi primer mentor en sicología, y a
Ferne Warren Hogan,
mi hermana, quien cuidó de mí con tanta
generosidad mientras yo crecía.*

Publicado por
Editorial Unilit
Miami, Fl. 33172
Derechos reservados

© 2003 Editorial Unilit (Spanish translation)
Primera edición 2003

© 2000 por Neil Clark Warren
Originalmente publicado en inglés con el título: *Catching The Rhythm of Love*
por Thomas Nelson, Inc., Nashville, TN, USA.
Todos los derechos reservados.

Ninguna parte de esta publicación podrá ser reproducida, procesada en algún sistema que la pueda reproducir, o transmitida en alguna forma o por algún medio electrónico, mecánico, fotocopia, cinta magnetofónica u otro excepto para breves citas en reseñas, sin el permiso previo de los editores.

Traducido al español por: Ángel G. Padilla
Fotografía de la cubierta por: Digitalvision

Citas bíblicas fueron tomadas de la Nueva Versión Internacional, © 1999 Sociedad Bíblica Internacional; y La Biblia al Día © 1979 por la Sociedad Bíblica Internacional.
Usadas con permiso.

Producto 495199
ISBN 0-7899-0951-0
Impreso en Colombia
Printed in Colombia

Contenido

Reconocimientos . . . . *v*
*Introducción: Transforme su matrimonio
    de mediocre en magnífico* . . . . *vii*

1. Un trato más dedicado es capaz
   de transformar su matrimonio 1
2. Eche leña al fuego del romance 17
3. Reavive su relación con risas y travesuras 33
4. Revitalice su matrimonio con optimismo 53
5. Fortalezca su matrimonio con
   momentos de inspiración 71
6. Acentúe su matrimonio con
   abundante afecto y contacto físico 87
7. Deje que su matrimonio se eleve
   en las alas de la espiritualidad. 103
8. Venza el conflicto matrimonial y
   coseche las recompensas 119

*Conclusión: Un matrimonio fabuloso
    está al doblar de la esquina*. *137*
Notas. *143*
Acerca del autor. *144*

RECONOCIMIENTOS

Tengo fama de lanzar ideas sicológicas y teorías a mis amigos, clientes y colegas para que ellos me respondan con ideas y teorías propias. Así que, de alguna manera, este libro es un esfuerzo compartido. Tengo una deuda de gratitud con innumerables personas por la manera en que contribuyeron con mis reflexiones y motivaron mis mejores esfuerzos.

Mis amigos más cercanos participaron conmigo en esta mezcla de ideas durante más de treinta años. Tres veces a la semana voy a un gimnasio con Howard J. Privett. A veces, hablamos mientras hacemos ejercicio. Su influencia sobre mí a lo largo de los años ha sido incalculable. Por otro lado, Rick Thyne, un sicoterapeuta, y yo hemos almorzado juntos todos los jueves a través de todos estos años. Nunca dudamos de comentar nuestros más recientes descubrimientos en las esferas de la sicoterapia y de la vida. Clifford Penner y yo hemos sido colegas durante treinta años, y nos detenemos y conversamos casi todas las mañanas mientras nos encaminamos a nuestra sala de espera en común hasta nuestros consultorios. Estas tres personas han sido determinantes en mi vida.

Mis clientes, supongo, me han enseñado casi todo lo que sé sobre cómo mejorar un matrimonio. De alguna manera, he sido su alumno durante varias horas a la semana. Me han contado sus frustraciones y sus logros, y juntos terminamos casi siempre celebrando.

Hablo sobre esos clientes a todo lo largo del libro, pero deseo aclarar que he maquillado sus historias para que nadie logre identificarlos. Sin embargo, son las historias que he escuchado semana tras semana en la intimidad de mi consultorio.

Deseo mencionar brevemente a otras tres personas que contribuyeron con este esfuerzo. Sue Braden, mi asistente administrativa, sabe tomar decisiones como lo haría yo mismo y ha hecho miles de ellas. Greg Forgatch, presidente de Eharmony, nuestra empresa de conciliación matrimonial, me ha motivado siempre a pensar con claridad y con mucho cuidado.

He reservado un reconocimiento especial para Keith Wall, mi editor y amigo. Este es nuestro sexto esfuerzo conjunto y soy el feliz receptor de su ayuda profesional. Me siento muy agradecido por su esmerada revisión de este manuscrito.

Debo decir, no obstante, que ninguna lista de agradecimientos está completa sin mencionar a mi esposa, Marylyn. Como a menudo testifica este manuscrito, su participación en este libro es mayor que en cualquier otro libro que haya escrito. Literalmente, nadie ha podido entrar en mi corazón como lo hace ella, y la novedad y la creatividad que se representan en este libro tienen más que ver con mi relación con Marylyn que con ninguna otra persona.

INTRODUCCIÓN

Transforme su matrimonio de mediocre en magnífico

Me imagino que es el momento en que su matrimonio necesita convertirse en uno agradable y gratificante de verdad. La lectura de este libro quizá sea el impulso que necesite para mejorar su relación de mediocre a magnífica. Tal vez ha estado anhelando, e incluso orando, que algo extraordinario surja entre usted y su cónyuge que genere intensidad... algo que impulse a su matrimonio hacia una nueva esfera. Este libro está diseñado para inyectarle la fuerza que necesita para el crecimiento matrimonial que le conducirá hacia delante y lo llenará con más esperanza de la que ha tenido por años.

No es fácil lograr que el matrimonio sea agradable y significativo para *ambos* cónyuges y, en lo personal, me apeno al observar el abrumador porcentaje de matrimonios que fracasan en nuestra sociedad. Con todo, lo que más me preocupa es que pierdan la esperanza. Cuando muchos de sus amigos y conocidos abandonan su matrimonio, quizá sienta la tentación de seguir su ejemplo. Incluso, si no se rinde, tal vez opte por acomodarse a cualquiera que sea su situación. No recomiendo ninguna de las dos opciones. Si lee este libro, usted y su cónyuge serán los orgullosos propietarios de nuevos valores matrimoniales: mucha más esperanza y entusiasmo en su matrimonio y un sinnúmero de ideas prácticas comprobadas para hacer su relación cada vez mejor. Si ambos aplican los principios bosquejados en este libro, encontrarán su propio modo de captar el ritmo del amor.

Por fortuna, los matrimonios no tienen que ser perfectos para ser placenteros y encantadores. No tiene que edificar una relación ideal para experimentar una profunda satisfacción. *Todo lo que necesita es un claro sentido de que avanza sin desmayar hacia su meta.* La esperanza florece cuando los deseos y las expectativas son fuertes. Me imagino que ansía tener un gran matrimonio, y este libro suple las herramientas para convertir las expectativas en realidad.

¡No ponga a un lado el libro hasta que lo termine!

Siga mi lógica: *usted* quiere un matrimonio mejor. Es posible que hasta se encuentre desesperado por conseguirlo. Aun así, no está seguro de cómo lograrlo. Por lo tanto, escoja este libro.

Le aseguro que tengo un plan que mejorará su relación. Le prometo que cuando termine de leer este libro, su matrimonio irá de regular a espectacular, de lo ordinario a lo extraordinario. ¡No pierda tiempo! ¡Comience a leer!

«Ah», dice, «¿pero cómo *yo* sé si *usted* sabe de lo que está hablando? ¿Por qué debo creer que posee la sabiduría necesaria para mejorar nuestro matrimonio?»

De acuerdo. Sin destacar demasiado mis cualidades, le enumero mi preparación profesional en un párrafo. He sido sicólogo clínico por más de tres décadas y he trabajado con cualquier imaginable desafío matrimonial; sin dudas, muchos casos bastante similares al suyo. He investigado el matrimonio y la consejería matrimonial desde infinidad de perspectivas. He escrito varios libros sobre relaciones e incontables artículos periodísticos sobre el matrimonio. He dado conferencias acerca del tema por todo el mundo y me han entrevistado con relación a este asunto en más de dos mil programas de radio y televisión. Por último, y quizá lo más importante, he estado felizmente casado durante cuarenta años, y mi esposa y yo tenemos tres hijas que también son felices en sus matrimonios.

Si aporta una ferviente necesidad de mejorar su matrimonio, y si yo aporto años de experiencia profesional, nuestra comunicación quizá sea lo que necesita con exactitud. Tal vez su matrimonio ha empeorado de manera progresiva en los últimos meses e incluso años. Quizá esté a punto de darse por vencido. No me preocupa demasiado lo que no resultara antes. Solo me alegro de que tenga este libro en sus manos ahora mismo, que usted y yo tengamos estos momentos juntos. Sé que nosotros conseguiremos cultivar su matrimonio.

¿Cuánto puede lograr de su matrimonio en los próximos doce meses?

Es obvio, no conozco los detalles de su situación particular. No obstante, independientemente de sus circunstancias, confío en que puede mejorar la calidad de su matrimonio en al menos diez por ciento en el siguiente año. Si lo hace, su relación se llenará de esperanza y optimismo. Cuando su relación mejore diez por ciento en cualquier período de doce meses, la posibilidad de que mejore otro diez por ciento en los doce meses siguientes es muy alta. El crecimiento produce repeticiones positivas; mientras más crece, más probabilidad habrá de que crezca aun más.

Siempre exhorto a las parejas a que sus expectativas sean razonables. Es posible que usted espere que ocurra un milagro que cambie toda la relación, pero esto no sucede a menudo. Si espera que su matrimonio se convierta de inmediato en el libro de cuentos perfecto, es muy posible que se desaliente con logros un poco más modestos.

Concéntrese en esto: si su matrimonio mejora diez por ciento cada año, imagine qué encantadora y agradable será su relación de aquí a cinco años. No se detenga allí. Mire hacia el futuro en diez o quince años. ¡Nos referimos a un matrimonio magnífico!

Cuatro principios para mejorar su matrimonio

Si desea que su matrimonio sea cada vez más fuerte, estos cuatro principios sicológicos le darán el impulso para comenzar.

Primero, necesita tener bien claras sus metas. ¿Qué desea *con exactitud* de su matrimonio? Con frecuencia, después de terminar la terapia, les pregunto a las parejas lo que desean de su relación, y a menudo responden vagas generalidades. Un cónyuge diría: «Creo que me gustaría que fuéramos más románticos y afectuosos», o: «Nuestra meta es pelear menos y disfrutar más el uno del otro». Esto es como ir a comprar un automóvil y pedirle al vendedor un vehículo con un motor y cuatro ruedas. Cuando se habla de matrimonio, debe soñar un sueño específico y describir en detalles todos los cambios que espera. A menos que conozca su destino exacto, gastará mucho tiempo y energía tratando de decidir hacia dónde va.

Segundo, el cambio casi siempre es gradual. Afrontémoslo. Las personas de nuestra sociedad desean resultados instantáneos. Nos encantan las historias con éxito que suceden de la noche a la mañana. Estamos condicionados por los programas de televisión que resuelven problemas complejos en media hora. Aun así, en la vida real, muchos de los sueños de nuestro matrimonio llevan tiempo. Si espera que de la noche a la mañana aparezcan en perfecta forma, es posible que espere para siempre. Sin embargo, si empieza a reconocer las piezas del cambio, aun de manera incompleta, su esperanza aumentará y su aprecio por el progreso hará que este sea cada vez mayor.

Tercero, el estímulo es una fuerza poderosa para el progreso matrimonial. Cuando usted y su cónyuge comiencen a ver hasta los más pequeños logros en su relación, se deben alentar el uno al otro. Este refuerzo positivo determinará en gran medida la probabilidad de que estos cambios se vuelvan permanentes y de que se les unan más cambios. Es más, la manera en que estimule a su pareja es de vital importancia. A algunas personas les agrada que las halaguen verbalmente. Otras se sienten orgullosas cuando se les dedica mayor atención. Tal vez para otras el estímulo viene en forma de recompensas tangibles, un pequeño obsequio o una noche de paseo por la ciudad.

Cuarto, todas las personas responden mejor a las recompensas que a los castigos. Cuando su matrimonio no va por el camino que eligió, castigar a su pareja no ayuda. Jamás obtendrá resultados positivos gritándole, profiriendo amenazas, evitando dirigirle la palabra, criticándola ni acosándola. No hay que decirlo, presionar, dominar o humillar son formas seguras de ahogar, no de salvar, su matrimonio.

Por qué creo que mi método es innovador

Durante varias décadas pasadas, la sicología, la siquiatría y otras disciplinas de la salud mental se han enfocado en un método que se centra en el problema. Los profesionales en este campo casi siempre tratan de identificar lo que anda mal y luego se preocupan por arreglarlo. Si fuera a ver a un consejero, una de las primeras cosas que escucharía sería: «Ahora bien, dígame qué anda mal en su matrimonio».

Esto es lo que llamo el *método del mecánico*. ¿Qué sucede cuando escucha un ruido extraño en el motor de su auto? Lleva su ruidoso auto al mecánico, quien realiza pruebas de diagnóstico, determina el problema y sustituye la pieza dañada. Sin embargo, ¡las personas no son automóviles y las relaciones no se pueden reparar al sustituir piezas dañadas! Es por eso que el método centrado en el problema falla a menudo.

Hace poco, un amigo mío llamado Andrew trató de explicarme por qué se divorciaron él y su esposa.

—Cuando nuestro matrimonio se volvió en verdad problemático —dijo—, mi esposa y yo comenzamos a asistir a terapia. Asistimos a unas veinte sesiones y cada sesión empeoró nuestra relación.

Estuve tentado a defender mi profesión, pero he escuchado suficientes historias parecidas como para saber que este es un problema común.

—¿Por qué fue tan inútil? —pregunté.

—Nuestra terapia consistía en hacer una lista de nuestros problemas y centrarnos en ellos uno por uno —dijo Andrew.

—Entonces, ¿qué pasaba? —insistí.

—¡Era un baño de sangre! —dijo casi gritando—. ¡Analizábamos cada problema con todos los penosísimos detalles. Hablábamos sin parar sobre nuestras fallas y defectos. Al final de las sesiones, mi esposa y yo nos sentíamos como boxeadores de peso pesado que acababan de pelear doce asaltos. Con todo, he aquí la peor parte: durante la semana nuestras heridas sanaban un poquito, pero cuando regresábamos a la sesión nos volvíamos a lastimar. La sangre aparecía de nuevo. Hablábamos muy poco en el camino de regreso a casa y hervíamos y echábamos humo durante días.

Andrew terminó diciendo:

—Nuestra terapia no nos hizo sentir esperanzados. Nos hizo sentir desesperados.

¡Esta no es la manera de fortalecer los matrimonios! ¡Y debe detenerse! Estoy convencido de que estamos perdiendo muchos matrimonios en Estados Unidos todos los días gracias a muchos bienintencionados, pero desencaminados, esfuerzos profesionales de dejar al descubierto y ventilar los problemas y deficiencias matrimoniales. Por lo general, hacer esto provoca que el dolor caiga sobre las parejas como una ola gigantesca mientras que su amor se hunde en las profundidades del mar.

Por supuesto, al final se deben tratar los problemas, pero no mientras el matrimonio esté marchito y debilitado, y no hasta que haya recibido muchos nutrientes necesarios. Una vez que sucede esto, el matrimonio no tendrá tantos problemas.

El primer principio innovador de este libro es este: usted le proporciona la máxima oportunidad de crecimiento a su matrimonio si lo alimenta, lo nutre y lo fortalece antes de empezar a profundizar en los problemas. Si su matrimonio está herido, debe ser muy cuidadoso al buscar métodos terapéuticos que los obliguen a obsesionarse con las debilidades del otro, con sus deficiencias y defectos. Lo más probable es que termine con un matrimonio que después del tratamiento esté más herido que antes.

El segundo principio, más que ninguna otra razón: los matrimonios mejoran gracias a dos personas que tienen experiencias positivas que las unen. Existen miles de experiencias que pueden fundirlos el uno al otro. Algunas personas leen libros juntas, otras viajan a lugares lejanos y otras juegan tenis. El ingrediente vital es que ambos cónyuges disfruten estas experiencias a un nivel muy profundo.

El tercero: este libro presenta lo que considero una técnica decisiva para fortalecer el matrimonio, me refiero a *enfocarse en la conciencia*. La discutiré en detalle, pero se resume en esto: cuando dos personas aprenden a enfocar sus pensamientos y sus sentimientos para que se centren en una sola cosa, en ese momento es cuando se unen. Si la conciencia incluye en su núcleo un lugar para la pareja: pensamientos, deseos, necesidades, la unión será duradera. Si usted y su pareja alguna vez han llorado juntos con una película, se abrazan con fuerza mientras contemplan el atardecer o se aprietan las manos durante un concierto, ya conocen este concepto.

El cuarto: este libro da un nuevo giro a varios asuntos tradicionales. Por ejemplo, cada experto en matrimonio en Estados Unidos habla sobre la solución de problemas. Estoy de acuerdo con ellos, pero cada vez me preocupa más el momento en que se resuelven. Para ser franco, cuando se permite que un conflicto se extienda más de una hora o dos, se vuelve como el queso parmesano que se pega a los platos sucios en su fregadero. Déjelo endurecer y le será difícil lavarlo. Aunque, si lo limpia enseguida, es fácil de eliminar. Es por eso que hablo de la *solución rápida de conflictos*, lo cual impide que los conflictos se solidifiquen.

Por último, este libro es nuevo y diferente porque es positivo. Es el momento de adoptar una actitud optimista con respecto al cambio en la relación matrimonial. Es el momento de reconocer que en el trato mutuo con dignidad, afecto y amabilidad obtendremos una atmósfera distinta por completo. Es el momento de reconocer que realizar trabajos matrimoniales será la cosa más grandiosa que haremos en esta tierra.

Una última palabra personal

Cada palabra de este libro es el resultado de mi reflexión durante años de esfuerzos para revitalizar el matrimonio. He tratado de elegir lo mejor de lo que aprendí durante miles de horas de terapia y que sea fácil y accesible para usted. Deseo desde lo más profundo que su matrimonio sea más satisfactorio, gratificante y agradable. Si es así, todo lo relacionado con el lugar que ocupa en el mundo será mejor y su familia también se beneficiará de este esfuerzo.

Ahora mismo, la única cosa más importante en la que debe centrarse es en el fortalecimiento de su relación amorosa. He visto que esto le sucede miles de veces a las parejas. Es muy importante que suceda una vez más para usted y al amor de su vida.

CAPÍTULO UNO

Un trato más dedicado es capaz de transformar su matrimonio

Como sicólogo clínico durante los últimos treinta y cinco años, he asesorado, literalmente, a miles de personas casadas. Mi objetivo siempre ha sido fortalecer los matrimonios y he trabajado muy duro para alcanzar esta meta. Hace poco descubrí que, en muchos casos, tal vez me esforcé *demasiado*. Me asombró encontrar un nuevo método de crecimiento matrimonial que reduce la función del trabajo y enfatiza el trato más dedicado.

Por raro que parezca, a menudo los matrimonios se vuelven menos agradables precisamente porque se esfuerzan demasiado. Es decir, algunos matrimonios escarbaron y atizaron, estudiaron y escudriñaron, examinaron y exploraron hasta un punto en que puede ser contraproducente. Mis colegas y yo hemos realizado estudios clínicos sobre la salud matrimonial durante décadas y hace poco terminamos uno muy importante que realizamos en ochocientos matrimonios, tanto sólidos como problemáticos. Estoy convencido de que el secreto para hacer que el suyo sea cada vez mejor consiste en aminorar un poco la carga de él.

Este libro detalla un conjunto de principios para aligerar su matrimonio, permitiéndole crecer al alimentarlo bien y tratarlo con enorme dignidad.

La salud matrimonial se determina en lo fundamental por la fortaleza del amor entre dos personas. El amor remonta vuelo sobre las alas de las experiencias comunes que son de inspiración, humorísticas, emocionantes o esperanzadoras. Las personas casadas con experiencias como estas se sienten más unidas. Sin embargo, sicólogos, siquiatras y otros trabajadores de la salud mental se aferran a menudo a falsas ideas sobre cómo maximizar estas experiencias románticas. Sin saberlo, con frecuencia minimizamos el amor de una pareja al comprometer y dirigir su atención hacia «asuntos críticos»: todas las debilidades, defectos y deficiencias. Los hemos extenuado buscando soluciones, y con nuestros métodos «profesionales» a menudo los dejamos morir por falta de gozo y de experiencias mutuas significativas.

Todo esto quiere decir que los matrimonios piden a gritos un trato más dedicado. Estoy convencido de que este método es de vital importancia para la salud, la fortaleza y el bienestar de cualquier relación matrimonial. Llegó el momento para un descanso de nuestra concentración obsesiva en problemas y peligros. Celebremos lo maravilloso de nuestra relación, cómo aprovechamos la brisa para navegar y la manera en que nutrimos nuestro amor y despertamos sentimientos positivos.

Mi experiencia es que este método trae como resultado una relación matrimonial armoniosa. Esta armonía tiende a ser rica en tonos y vibración. La armonía, el ritmo y el tiempo positivo enriquecen su relación de manera increíble.

Le mostraré cómo contagiarse con el ritmo del amor. Permítame que en las siguientes páginas lo convenza de que este nuevo método tiene un poder revolucionario para su matrimonio. Si llega a darme la razón, le garantizo que su matrimonio se encontrará a punto de un crecimiento explosivo. Todo el esfuerzo excesivo que pensaba que era necesario hacer para que su matrimonio fuera saludable se sustituirá con experiencias comunes que divierten, inspiran, estimulan y profundizan el amor que se tienen entre sí.

¿Qué es apropiado para su matrimonio?

Aconsejé a una pareja, Jason y Cheryl, que tenían seis años de casados cuando hicieron una cita para verme. Los primeros cinco años de su matrimonio habían sido muy satisfactorios, pero el último había sido deprimente. Jason recibió un ascenso en la empresa de software donde trabajaba, y empleó muchas horas extra a fin de dominar sus nuevas responsabilidades y probarse que era capaz de trabajar en equipo. Mientras tanto, Cheryl se involucró en varias actividades fuera del hogar. Llegaron a ser más compañeros de cuarto que amantes, y su comunicación giraba entre todas las tareas mundanas de la vida: pagar las cuentas, arreglar la casa, cumplir con las obligaciones familiares. Como es natural, la proximidad emocional que una vez disfrutaron se convirtió en un recuerdo, y ellos alternaban entre pelear encarnizadamente y soportar el silencioso y frío distanciamiento.

En nuestra primera sesión, empecé por preguntar:

—¿Cuán *bien* está su matrimonio?

Ambos tenían una expresión que mostraba sorpresa. Sin duda, esperaban que les preguntara cuán *mal* estaba su matrimonio, y es probable que ensayaran su letanía de fallas y defectos.

Intenté de nuevo.

—Es decir, ¿qué cosas marchan bien en su relación? ¿Qué es lo que más disfrutan el uno del otro? ¿Cuáles son los puntos fuertes de su matrimonio?

Sus caras semejaban signos de interrogación, permanecieron sentados en silencio durante varios minutos. Era obvio que no habían pensado en sus atributos por un tiempo.

3

Al final, Jason dijo:

—Pues bien, siempre hemos disfrutado viajar juntos. Cuando viajamos o nos escapamos durante un fin de semana, recuperamos un poco de la antigua magia que tuvimos, al menos por un par de días. Y nos encanta distraernos juntos. En verdad, trabajamos bien cuando organizamos una fiesta o recibimos visitas.

—Bien —dije—. Eso es lo que busco, ¿qué más?

Cuando Jason abrió la boca para continuar, su esposa lo interrumpió.

—Doctor Warren, ¿no vamos a hablar sobre los problemas que tenemos? —preguntó Cheryl. Por lo visto, había preparado su propia agenda y no le gustaba el rumbo que estaban tomando las cosas—. Tenemos algunos asuntos importantes que debemos atender y no quiero que perdamos el tiempo colocando alegría y sonrisas en todo este asunto.

Lo que le expliqué a Cheryl es lo que le explico a cada pareja:

—Deben examinar los problemas y resolverlos, en especial los que surgen sin cesar. Aun así, deben enfrentarlos con el mayor optimismo y la felicidad que sea posible. Muchas parejas se sienten tan consumidas por lo malo de su relación que olvidan todas las cosas que sí marchan bien. Y cuando se enfocan tanto en sus problemas, dejan de buscar las experiencias que generan sentimientos positivos y proximidad. Se convierte en un círculo vicioso, y pronto todo lo relacionado con la pareja se ve triste y sombrío

Casi de inmediato, desarrollamos un plan para que Cheryl y Jason se basaran en sus lados fuertes y compartieran de nuevo las experiencias que hacían resurgir lo mejor en su relación. Aunque despacio, su distanciamiento emocional terminó y regresó un poco de calidez. Esto creó el ambiente optimista en el que se podían atacar los problemas en un espíritu de mutua cooperación en lugar de oposición.

La situación de Jason y Cheryl comprueba mi punto de vista: Por supuesto no estoy sugiriendo que eviten afrontar sus problemas ni que escondan los asuntos problemáticos bajo el tapete. Les estoy diciendo que no deben acongojarse tanto cuando no logran avanzar. Relájense un poco, tómense un descanso, niéguense a dejarse dominar por sus problemas y observen cómo su relación gana intensidad en una dirección positiva.

No se esfuerce demasiado

Hace muchos años que juego golf, y siempre he recibido dos palabras de consejo para mejorar mi juego: «¡Gire despacio!». He recibido esta amonestación a menudo, pues soy la clase de jugador que es tan apasionado e impetuoso que menoscaba su éxito. Los golfistas saben que mientras más relajado y suave sea el movimiento, mejor lanzarán la pelota. Sin embargo, cuando coloco mi pelota, me preocupo demasiado por la manera en que voy a lanzarla; me pongo tenso y agarro el palo demasiado fuerte, me concentro tanto en mis deficiencias que las compenso en exceso. Por lo tanto, para mi desgracia (y para diversión de mis amigos), desvío el tiro hacia los árboles, las trampas de arena y el lago. Lanzar suave no me resulta natural. Mi lógica dice que si lanzar la pelota con suavidad produce buenos resultados, hacerlo con fuerza producirá mejores resultados. Como he descubierto una y otra vez, no obstante, este no es el caso.

Dominar la técnica del golf es muy parecido a dominar la técnica del matrimonio. Después de todo, ¿qué tiene el juego de golf que me ayude con mi relación? Creo que todo es un asunto de sincronización. Y la *sincronía* produce la *sinfonía*. Por ejemplo, cuando todas las partes de su cuerpo trabajan juntas, usted experimenta una combinación de elaborada precisión y máximo poder físicos. Nos referimos a esta cualidad como armonizar, homogeneizar y fluir con coordinación. Permita que su cuerpo experimente coordinación y apenas dará crédito a cómo dirigirá el palo a la pelota de manera poderosa y exacta. El tiro lo sorprenderá, pues representa el milagro de la sincronización.

¿No es eso lo que necesitan los matrimonios? Debemos experimentar algo suave y refinado en nuestras relaciones, algo similar a frotar seda contra seda en lugar de piezas de metal que chocan entre sí. Nuestros matrimonios deben funcionar con toda la exactitud y precisión de un reloj suizo, con todos esos intrincados mecanismos trabajando a un ritmo perfecto.

Como esposo, siempre trato de girar con suavidad

Mi esposa Marylyn, y yo hemos trabajado muy duro durante años para que nuestro matrimonio marche bien. Casi me rompo las espaldas para tratar de modelarla en la esposa que siempre he querido que sea. Y me imagino que a ella se le ha formado una doble hernia mientras intentaba moldearme y convertirme en un buen esposo. Como la mayoría de las parejas, teníamos mucho trabajo por hacer cuando nos casamos. Ambos éramos neófitos al embarcarnos en esta desafiante empresa y no teníamos ni capacitación ni práctica para ser buenos esposos. Trabajamos tan duro para mejorar nuestras deficiencias y cambiar nuestros malos hábitos, que desperdiciamos muchas oportunidades de crear maravillosas experiencias en conjunto. Nos afanamos tanto en emplear maneras que parecían tan poco naturales que en realidad agregamos un matiz negativo a las situaciones donde no existía uno.

Con todo, en estos últimos años y utilizando este nuevo y más delicado método, he visto crecer mi matrimonio a pasos agigantados. Le daré un par de ejemplos. A Marylyn le encanta hablar y siempre me hace interactuar con ella, con frecuencia dice que cuando conversamos se siente cercana a mí, enamorada, como si fuéramos uno solo. Ahora bien, a mí no me criaron para ser conversador. Mi papá nunca hablaba con mi mamá. A veces asentía con la cabeza, gruñía un par de veces y murmuraba al periódico. Para él eso era una conversación muy profunda. Es obvio, no tuve mucha preparación ni modelo para la comunicación matrimonial. Para empeorar las cosas, nunca descubrí que fuera un mal conversador. Si Marylyn me presionaba demasiado para que sostuviéramos un diálogo significativo, la distraía obligándola a enfocar la discusión hacia las relaciones sexuales. Algunas veces la distracción resultaba; no así la mayoría de las veces.

No hacía falta ser un genio para darme cuenta de que cuando fallaba mucho en comunicarme, nuestro matrimonio empezaba a atascarse como si nadáramos de espaldas en una piscina de melaza. Ella no se sentía feliz de verme cuando regresaba del trabajo. Nunca se sentaba junto a mí. Solo me abrazaba cuando era absolutamente necesario (abrazos rígidos, como a un pie de distancia el uno del otro). No había vibración en nuestra vida juntos. No sé usted, pero yo no necesitaba toda esa conversación profunda para enamorarme de ella, pero amigo, sin esa conversación que ella necesitaba de mí, enseguida su amor se volvió aburrido. Me avergüenzo admitir que me llevó entre quince a veinte años antes de que hiciera algo en cuanto a esta situación. Es obvio, Marylyn necesitaba algo de mí que me sentía incapaz de proporcionarle. Y como era de esperar, todos los sentimientos que se relacionaban con este problema, su constante frustración y necesidades insatisfechas, mi sentimiento de fracaso e incompetencia, lanzaron nuestra ya fría vida conyugal dentro de un profundo congelador.

Siempre pensé que para aprender a hablar necesitaría más esfuerzo del que estaba dispuesto a proporcionar. Luego vino el acercamiento delicado. Decidí que si quería conversar mucho, sencillamente me dejaría llevar, sería lo más natural posible y me comunicaría lo mejor que podía. No me preocupé más por mis deficiencias en el diálogo. No intenté inventar respuestas coherentes antes de que Marylyn terminara de hablar. Ni seguí preocupándome tanto por hacer todo bien. Pensé que si pude aprender a atar los cordones de mis zapatos y a cepillarme los dientes, aprendería a hablar «a la manera de Marylyn». Me concentré en hacer dos cosas: escuchar con atención cuando ella hablaba y decirle todo lo que pensaba y sentía. ¡Qué diferencia!

En la actualidad, Marylyn no puede esperar a que llegue a casa del trabajo. Me hace sentar, me trae algo de beber y empezamos a conversar como si lo hubiéramos hecho desde siempre. Ella me cuenta sus pensamientos más íntimos, sus sentimientos y secretos, y yo me concentro en lo que me dice. Luego le cuento los míos. No hago nada excepcional, pero ella cree que soy el mejor hombre del mundo.

Te daré otro ejemplo de cómo un delicado acercamiento ha ayudado a mi matrimonio. A Marylyn le gusta el romance, y durante nuestro noviazgo y cuando estábamos recién casados disfrutamos de mucho romance. En los primeros años de matrimonio, eso era muy natural. Nos pasábamos muchas horas abrazándonos, mirándonos a los ojos y soñando con la paradisíaca vida que compartiríamos. Pero luego, como la mayoría de las parejas, nos dejamos consumir por las realidades de la vida, hijos llorando, pagos de hipoteca, proyectos de la familia y obstáculos en nuestras carreras que debíamos salvar. El romanticismo languideció y, por lo tanto, la satisfacción matrimonial de Marylyn también.

Ella con gentileza me señalaba su necesidad de más romance y yo me comprometía a brindárselo. Aun así, sentía la presión de ser el Amante Perfecto. Era como si pensara que tenía que tocar la guitarra y cantar una canción de amor mientras sostenía una rosa roja entre los dientes. Estaba seguro de que tendría que enviarle docenas de flores, componer sonetos y recitarlos bajo su balcón y bailar con gracia un tango con ella abrazada a mí. Las expectativas que tenía para mí eran tan altas y poco razonables que casi siempre terminaba sin hacer nada.

Entonces, un día me di cuenta que necesitaba relajarme, dejar de presionarme tanto para convertirme en el epítome del romance. Ahora, cada semana, realizo muchas cosas comunes que son fáciles y agradables para mí y que para Marylyn son la chispa del romance. Algunas veces le compro un libro que sé que le gustará y escribo pequeños poemas acerca de mi amor en la primera página. ¡Se vuelve loca con ellos! La llamo a media mañana y le digo que estoy pensando en ella. También le encanta.

Otras veces vamos a la playa por la tarde. Dejamos nuestros zapatos y calcetines en el auto y caminamos descalzos por la arena húmeda. La tomo de la mano, hablo poéticamente sobre el atardecer, menciono algunos lejanos lugares a los que me gustaría llevarla y ella se vuelve arcilla en mis manos. Luego le compro un helado, extiendo una manta sobre la arena y le pregunto sus sueños para el futuro, ella se siente muy halagada. Ahora me pregunto: *¿Por qué me preocupaba tanto antes? ¡Esto del romance es pan comido!*

La sincronía matrimonial y el trato más delicado

¡Gire con suavidad! Todo comienza con la suposición de que cuando usted y el amor de su vida se sincronizan, su matrimonio tendrá la mayor oportunidad de alcanzar la felicidad y la satisfacción. Deje que su relación se desarrolle a su propio ritmo, y su vida en común se llenará de estímulo y emoción. Todo el significado y el propósito que han buscado con ansias aparecerán de pronto. Esforzarse demasiado será una bienintencionada reliquia de su lejano pasado. Girar con suavidad será su nueva y eficaz estrategia.

La clase de sincronización de la que hablamos aparece en los lugares más inesperados. Pocas veces el duro trabajo es uno de esos lugares. La risa casi siempre lo es. Otro es los momentos emotivos que se disfrutan. Las experiencias edificantes de muchas clases nos unen en niveles muy profundos. La esperanza, la solución positiva de conflictos, un sentimiento de confianza siempre presente en su pareja... todos estos son los manantiales de donde fluye la sincronización.

Hace poco, Marylyn y yo atravesamos una situación difícil y una fuente inesperada de sincronización matrimonial desafiaba y al mismo tiempo agraciaba nuestro matrimonio. Nos dejó atónitos enterarnos del fallecimiento del doctor Paul Victor Roberts, mi socio durante veinticinco años. Apenas tenía cincuenta y seis años. El doctor Roberts era un excelente sicólogo, pero lo más importante, era el hombre más bueno y dulce que jamás conociera. Aunque ejercimos nuestra profesión en lugares distintos durante cinco años, tuvimos miles de experiencias que crearon una profunda unión entre nosotros. Quería mucho a este amigo y siempre lo querré.

Debo admitir que cuando me pidieron participar en uno de los tributos que le hicieron durante su funeral, me sentí honrado, pero al mismo tiempo temía que no sería capaz de contener mis emociones. Marylyn me ayudó a escribir mi tributo a este hombre a quien con frecuencia llamábamos San Pablo. Luego ella y yo leímos mi corto discurso y, una vez más, ella me ayudó a recuperar el control de mis sentimientos y la manera de expresarlos. Me sentía cada vez más confiado en que me mantendría sereno.

Al final, llegó el día del funeral, Marylyn se sentó junto a mí en la primera fila de la iglesia. Pasaría por lo menos treinta minutos de cantos y oración antes de que yo tuviera que hablar, y Marylyn de vez en cuando tomaba mi brazo con fuerza para decirme que estaba junto a mí en todo momento y que oraba por mi fortaleza espiritual.

Por último, llegó mi turno. Me acerqué al micrófono y vi a las personas que asistían al servicio. Empecé a hablar con toda la fuerza posible. Había memorizado cada palabra, y aunque había hablado frente a multitudes muchas veces, las palabras que dije en esos cuatro minutos fueron las más emotivas que pronunciara jamás. Cuando terminé, regresé a mi lugar junto a Marylyn, evitamos mirarnos a los ojos pues estábamos muy emocionados, pero de nuevo ella apretó mi brazo para que supiera que estaba orgullosa de mí.

Marylyn y yo contuvimos nuestras emociones hasta que terminó el servicio. Sin embargo, después de la bendición, cuando el organista tocó «Oh Canadá», el himno que tantas veces escuchamos con Paul y quien lo cantaba con todo la pasión de un hijo orgulloso, me senté en la banca y lloré. Perdí por completo el control de mis emociones y cuando miré a Marylyn, ella también lloraba.

Mientras caminábamos en la oscura noche, Marylyn y yo nos tomamos de la mano, como dos personas que acaban de sincronizarse de nuevo por una poderosa experiencia mutua.

La sincronización matrimonial proviene de miles de fuentes naturales. En mi opinión, esto se relacionaba más con nuestro amor en común por Paul Roberts. Aun así, igual de importante era la manera tan natural en que Marylyn me apoyaba: su sensibilidad ante los momentos difíciles que yo atravesaba, su estímulo para fortalecerme, sus felicitaciones por mi manera valiente de comportarme y la unión de su dolor con el mío. ¿Quién habría pensado que un funeral contribuiría de una manera tan fuerte al crecimiento de nuestro amor? Sin duda, nuestra experiencia en común era crucial. Desde esa perspectiva, sin saberlo, fortalecíamos nuestro matrimonio, pero todo parecía verdadero y tierno.

El enriquecimiento conyugal siempre se desarrolla de esta manera. Cuando se preocupa por él, las inesperadas e improvisadas fuentes de la sincronización matrimonial multiplican la riqueza de su relación.

La semilla del amor: Sentirme bien conmigo mismo en tu presencia

Es obvio para mí, gracias a mi experiencia en sicología, que mi amor hacia otra persona se relaciona mucho con mi amor por mí mismo cuando estamos juntos. Si la motivación más poderosa en mi vida es sentirme bien conmigo mismo, y creo que así es, amaré mucho más a una persona cuando me ayuda a sentirme bien.

Es posible emplear toda clase de estrategias para maximizar la posibilidad de que la otra persona se sienta bien consigo misma cuando dos personas están juntas. Pueden reír, decir las cosas que le gustan de ella o esmerarse en satisfacer las necesidades que perciba. Todas estas estrategias pueden resultar algunas veces. Sin embargo, quiero hablarle de una estrategia que siempre da resultado.

Existe algo dentro de usted llamado *conciencia*. Si le pregunto qué piensa y qué siente en este momento, su respuesta provendrá de un profundo análisis de su más reciente conciencia.

Este es mi punto de vista: el amor tiende a resultar cuando su pareja es el centro de su conciencia, sobre todo cuando están en presencia el uno del otro. Existe algo que me dice que los pensamientos y sentimientos de Marylyn se enfocan en mí y que me asegura que soy importante para ella. Esto me hace sentir bien. Cuando estamos juntos y nuestras conciencias se enfocan el uno en el otro, nuestro amor se une para crecer firme y sólido.

Este es un argumento importante para docenas de asuntos sobre el amor que exploraremos en este libro. Lo llamo el principio de *centrarse en la conciencia* y creo que es fundamental para el proceso del amor.

Considere de nuevo mi experiencia en el funeral. Cuando nos sentamos al frente de la iglesia, Marylyn me comunicaba en repetidas ocasiones que yo estaba en el centro de su conciencia al apretar mi brazo. Yo sabía con exactitud lo que significaba cada apretón. «Estoy contigo. Te apoyo en todo momento. Siento tu temor, pero oro por ti. Estamos juntos en esto. Sé que te sientes ansioso de rendir honores a tu querido amigo y de no perder el control de tus emociones y te aseguro que lo harás bien».

Estos pensamientos generaban fuertes sentimientos de amor. Cuando Marylyn y yo estamos en el centro de la conciencia del otro, nuestro amor se vuelve tan profundo como las raíces de un enorme pino.

Experiencias en común y conciencias enfocadas

El secreto de cultivar el amor es aumentar al máximo el número de experiencias en la vida en las que usted y su pareja se encuentran cautivados desde lo más profundo por un suceso momentáneo o perdurable. Cuando digo «cautivados desde lo más profundo» quiero expresar que el suceso existe en el centro de sus pensamientos y sentimientos. Si *ambos* se enfocan en una experiencia y ese enfoque incluye tanto al acontecimiento como a su pareja, el amor entre ustedes se estimula al máximo.

Digamos que usted y el amor de su vida poseen un agudo gusto por la música. Están de visita en Boston, como lo hicimos hace poco Marylyn y yo, y caminan por la ciudad desde el hotel hasta el Salón de la Sinfónica. Es una fría noche de invierno y ustedes están tapados con ropa caliente, bufandas y guantes. Se toman de las manos a medida que caminan con rapidez contra el viento frío. Conversan en tono animado mientras avanzan, pero sus lenguas se sienten pesadas y sus labios casi están congelados.

Cuando por fin llegan, se refugian dentro y sienten el calor que les da la bienvenida. Mientras guardan sus abrigos y guantes, comentan con alegría sobre lo maravilloso que se siente el salón con calefacción después de caminar por las calles nevadas. Entregan sus billetes y los conducen hacia los mejores asientos. Comentan sobre la amabilidad del portero. Leen el programa y señalan entre sí pequeños detalles.

Entonces aparece el director y la audiencia guarda silencio. Los sonidos de la orquesta les hacen sentir emociones profundas. Se toman de las manos y las aprietan con firmeza. La música los absorbe por un momento y luego los hace flotar. Los lleva por el aire como un deslizador en un día tranquilo y a los dos les encanta el viaje. Pronto la música se vuelve cada vez más suave y los lleva a algunos lejanos lugares. Sus manos se aflojan. Al final, la música se eleva de nuevo y ustedes sienten miles de cosas que los conmueven.

A esto llamo experiencia en común. Mientras más experiencias tengan, en especial las que los hacen tomarse de las manos y sentir el corazón del otro latir, más se unirán con las partes más íntimas de su pareja. Sus conciencias están fusionadas, sus experiencias los unen y sus vidas se vuelven una sola. Usted no es precisamente quien hace que esto suceda, pero les sucede a los dos al mismo tiempo.

Cómo hacer de su matrimonio una sinfonía

Este libro trata sobre las dos ideas que se han vuelto sagradas para mí. La primera es que el matrimonio puede convertirse en una maravillosa experiencia sinfónica. Usted y su cónyuge pueden tocar distintos instrumentos, pero los tocan juntos. Su actuación será mucho mejor que cualquier interpretación individual. Con frecuencia, los dos contribuirán a un crescendo muy fuerte, un repentino pasaje doloroso o un agradable vuelo por la galaxia. Uno de los dos debe guiar y el otro debe seguir, luego cambian de lugares. Otras veces, uno escuchará mientras el otro toca solo, tal vez durante un largo intervalo. Con todo, cualquiera que sea el caso, este es su proyecto, su sinfonía, y solo ustedes están comprometidos a hacerlo extraordinario para los dos.

Mi segunda idea es que la música más bella que puedan crear surge de su interior, prácticamente sin trabajar mucho. Es posible que la única fuente de esta inspiración sea las experiencias que tienen usted y su pareja, experiencias en las que se brindan el más profundo y apasionado apoyo. La meta de su vida será el crecimiento de su amor y llevar al máximo su gozo mutuo. A lo largo de los altibajos de la vida intentarán mantener el interés del ser amado en el centro de sus conciencias, y cuando esto suceda, el sublime gozo y la felicidad serán suyos. Tendrán la experiencia del amor de manera tan profunda y completa que se acercarán al corazón de Dios más de lo que pensaron jamás que fuera posible.

Capítulo Dos

Eche leña al fuego del romance

Imagine esta situación: es diciembre, dos semanas antes de Navidad, y usted y el amor de su vida van a pasar el fin de semana en una acogedora cabaña en las montañas. Afuera, acaba de caer la nieve formando montículos que blanquean el terreno y se oye el ulular del viento. Hace mucho frío, pero tienen un fuego crepitando en la chimenea y leña de sobra. Se escucha su suave música favorita y aún tienen varios discos compactos por escuchar. Han esquiado durante todo el día, guardaron sus equipos y se han puesto ropa cómoda, tienen el resto de la noche para estar juntos.

De pie frente al fuego observa a esta persona que es muy especial para usted. Se sonríen y se acercan el uno al otro. Se abrazan con fuerza y se dejan llevar por la música. Se besan. Las palabras que perduran en su mente son: *¡Qué romántico!*

¿QUÉ SIGNIFICA «QUÉ ROMÁNTICO»?
Muy pocas veces he conocido a cónyuges que no ansíen más romanticismo. Una dosis adicional de pasión y afecto puede curar varios cientos de heridas y encender la chispa de una

nueva esperanza para dos amantes rendidos. Un romance renovado los vuelve a unir, alma con alma. Les recuerda por qué se enamoraron. Los pone de nuevo en contacto con las mejores cualidades que cada uno posee.

Algunas dinámicas para las relaciones casi siempre están presentes durante los momentos románticos. La escena que acabo de describir contiene muchas de ellas. En primer lugar, existe la dinámica de la seguridad. Está protegido contra los enemigos del romance, el sinnúmero de factores de la vida cotidiana que estorban en la intimidad. Están lejos de los bebés que lloran y de los niños que gritan. No existe el cúmulo de facturas por pagar, ni mensajes en el correo electrónico que deban responder, ni un teléfono que suene con insistencia. Sus momentos románticos están protegidos de invasiones e interrupciones.

La escena de la cabaña en las montañas también tiene entretejida la dinámica de la sensualidad. Hay algo tentador en el sonido y en el olor del crepitante fuego en contraste con el viento que sopla y el nevado frío del exterior. La música suave evoca docenas de cálidos sentimientos, muchos de los cuales son momentos que ambos disfrutaron juntos. Se sienten cansados y felices después de esquiar; sus músculos se sienten relajados. Se abrazan y sienten la suave piel de su cónyuge. Se mueven alrededor de la habitación al ritmo de la música. ¡Esto es en verdad muy sensual!

Este interludio romántico puede incluir nostalgia, que a menudo contribuye a exaltar los sentimientos. Tal vez usted y su pareja estuvieron antes en esta cabaña y recuerdan las experiencias que encendieron su amor. Quizá la canción que escuchan es «su canción», la que tocaron en la recepción de su boda o la que sonaba en la radio la primera vez que se besaron.

Usted y su pareja están lejos, tal vez muy lejos del resto del mundo. Se sienten muy especiales el uno para el otro. Se sienten seguros y afectuosos. Se pueden concentrar en sus necesidades como individuos y como pareja. El amor, que siempre consideraron como algo latente, ha tomado el lugar principal en sus sentidos.

Esto es *muy* romántico.

Necesitamos un medidor de romance en el tablero de instrumentos del matrimonio

Es un hecho de la vida que los matrimonios se atascan en las rutinas diarias y en las responsabilidades normales. Trabajamos muy duro para ganar el sustento, criar a los hijos de la mejor manera posible, mantenernos razonablemente ordenados y organizados, responder el correo y las llamadas telefónicas y los interminables cumpleaños y los días feriados. Algunas veces nos olvidamos de la desesperada necesidad de romance en el matrimonio. Suponemos que de algún modo nuestro amor perdurará sin mucha atención.

Entonces, por cualquier razón, los «síntomas» empiezan a acumularse. A menudos no logramos reconocerlos por lo que son: luces de advertencia que aparecen en el tablero de instrumentos del matrimonio que indican que se debe hacer algo. Día tras día, semana tras semana, nos levantamos por las mañanas, nos dirigimos a nuestras labores y regresamos a dormir por la noche, todo esto sin percatarnos de la luz roja de «revise su motor» que se enciende frente a nuestro rostro.

La intensidad de los conflictos matrimoniales aumenta y las veces que nos sentimos distanciados son cada vez más frecuentes. Es posible que pase mucho tiempo antes de que programemos un fin de semana romántico, pero no pensamos en lo que nos estamos perdiendo ni en el costo que tendrá nuestra falta de atención. Nos ocupamos con lo que *creemos* que es importante y pasamos por alto lo que *en verdad* es importante.

Lo que un romance de impacto hace en las vidas de los «impactados»

Existe una antigua historia sobre el romance, he oído muchas variaciones de ella con el paso de los años. Se trata de un hombre que ya no encuentra atractiva a su esposa. Ella era mordaz, severa, con sobrepeso y desaliñada. Los dos vivían prácticamente en guerra y no poseían ni una migaja de felicidad conyugal. Al final, el hombre decidió divorciarse de su mujer y quería que el divorcio le hiciera mucho daño, así que consultó con un abogado especialista en divorcios.

El abogado escuchó todas las venenosas y vengativas palabras, luego le dio un consejo. «Esto es lo que debe hacer», dijo al esposo. «Vaya a casa y durante los próximos treinta días trate a su esposa como si fuera la persona más importante del mundo. Entable una conversación y escuche con atención. Ayúdela con los quehaceres. Llévala a cenar y vea una película romántica con ella por lo menos una vez a la semana. Llámala un par de veces durante el día y envíele un regalo inesperado una o dos veces al mes. Haga todo lo que esté a su alcance para ser amable con ella. ¡Y entonces tendrá la trampa para ocasionarle el dolor más grande de su vida! Cuando la abandone, ella se sentirá devastada. Tendré listos los papeles del divorcio en treinta días».

El esposo pensó en el consejo y concluyó que daría resultado. Su esposa jamás esperaría ese comportamiento, y si caía en la trampa, le proporcionaría el cruel toque que él esperaba. Llegó a casa y puso en práctica lo que le dijo el abogado.

A los veintisiete días, el abogado lo llamó para realizar los arreglos finales a los papeles del divorcio. Sin embargo, el esposo se horrorizó con la idea de divorciarse.

«¿Divorcio?», dijo, «¿por qué iba a querer divorciarme? Ella es una mujer increíble, aun mejor que cuando nos enamoramos.

Es todo lo que soñé desde mi juventud. ¡No me divorciaría por nada del mundo!»

Por muy cursi que parezca esta historia, define con claridad lo que he visto montones de veces en mi práctica de sicoterapia. Cuando un cónyuge empieza a tratar al otro de manera romántica, todo cambia en la relación. A medida que se comporta de esta manera hay algo que impulsa al otro a hacerlo de manera recíproca. Por fortuna o no, los nuevos esfuerzos románticos solo inician cuando el dolor matrimonial alcanza el nivel de «ya no aguanto más». Este se convierte en el punto en el que se debe tomar una decisión muy importante: ya sea terminar con el matrimonio o buscar más romance.

El romance debe incluir sus necesidades más profundas

Como dije antes, la principal motivación en la vida es sentirnos bien con nosotros mismos. Y la persona con quien se casa casi siempre es la que se encuentra en la mejor posición de ayudarlo a sentirse así. ¿Por qué? Porque permite que lo conozca en el nivel más profundo. Debido al compromiso que tiene su cónyuge con usted, la imperecedera promesa de amor eterno, corre un riesgo emocional tras otro con su pareja. Debido a que lo conoce tan bien, sus sentimientos hacia usted son mucho más importantes. Si le gusta a su cónyuge, se siente atractivo en un grado fundamental para su existencia.

El romance lo es todo para relacionarse el uno con el otro de tal manera que su importancia principal y mutua se convierte en tan obvia que cada uno la escucha... la escucha y se atreve a experimentarla.

He llegado a la conclusión de que el romance no es en verdad romance hasta que su relación mutua empieza a incluir necesidades individuales más profundas. Si estas necesidades giran en torno a la cuestión de cómo se siente como individuo, es entonces cuando puede comenzar a entender por qué el romance es tan importante para cada uno de ustedes. Cuando se vuelve doloroso y asombrosamente aparente que sus logros personales tienen que ver con su cercanía conyugal, se da cuenta de por qué debe alimentar el amor romántico. Si no logra encontrar el tiempo para hacerlo, su matrimonio se marchitará y su propia salud sicológica puede volverse cada vez más frágil.

Por miles de razones distintas, necesita experiencias frecuentes y rutinarias de romance. Necesita acurrucarse con su cónyuge frente a un ruidoso fuego durante una fría noche, escuchar música hermosa, demorarse con una cena deliciosa y tomarse el tiempo para convencerse de que todo está bien. Sobre todo, necesita sentirse seguro de su especial importancia en el centro de la conciencia de su pareja. Necesita escuchar aquellas milagrosas palabras una y otra vez: «Te amo y te amaré mientras viva». Necesita sentir que le prestan atención sin interrupciones, que le escuchan sin preocupaciones, que le abracen durante un largo tiempo sin tener la necesidad de correr hacia algo urgente. Necesita experimentar de nuevo la emoción de convertirse en un solo ser con la persona que guarda la llave de su corazón.

La esencia del romance

Durante años, he analizado el romance desde cada perspectiva imaginable y llegué a cinco conclusiones sobre este asunto. Mi meta es accionar *su* cerebro para que invierta más tiempo y energía en desarrollar el romance en su matrimonio.

1. El romance se refiere al amor y es prácticamente imposible dar amor hasta que haya aprendido a amarse a sí mismo.

Es algo maravilloso saber que Marylyn me ama, pero para que yo la ame mucho, es necesario que el amor que tengo por mí mismo eche profundas raíces en el centro de mi ser. Cuando me amo de esta manera, solo entonces soy capaz de amarla.

Uno de los dilemas más frustrantes que he encontrado como sicólogo es este: dos personas en una relación sin amor acuden a mí porque su matrimonio es árido y necesita romance. El esposo o la esposa dice con voz monótona y apática: «Nuestro matrimonio se ha echado a perder. No hay magia, no hay chispa, no hay pasión. Es la misma antigua y aburrida rutina, semana tras semana, mes tras mes. No sé por qué seguimos juntos».

Mi primer impulso es decirles: «La solución es sencilla. ¡Llenen otra vez de romance su matrimonio! Aticen las cenizas de su pasión hasta que estallen en llamas. Quédense en su hotel favorito durante un fin de semana; cenen en el restaurante donde tuvieron su primera cita; caminen de la mano mientras ven las vitrinas en la ciudad; envíe flores a su esposa; traiga el desayuno a la cama para su esposo».

En verdad, muchos matrimonios que atraviesan por una situación difícil necesitan una infusión de romance y pasión. Aun así, la solución no siempre es tan sencilla. Algunas veces uno o ambos cónyuges deben hacer trabajos «internos». Cada individuo debe desarrollar una relación de amor consigo mismo antes de amar a otra persona. En estos casos, mi tarea es ayudar al esposo o la esposa a lograr esta clase de relación amorosa individual.

2. El romance necesita que dos personas se demuestren la alta prioridad que cada uno tiene en la vida del otro.

No tiene nada de romanticismo estar en la misma habitación con otra persona que ve un juego de fútbol en la televisión y no le presta atención a su pareja. De la misma manera que no tiene nada de romántico estar en la misma casa durante una noche entera con alguien que no deja de hablar por teléfono. El secreto fundamental del romance es el asunto de la prioridad. Cuando dos personas adquieren ese fuerte sentimiento de que les importa más su pareja que cualquier otra cosa en el mundo, el romance está a punto de florecer.

Es fascinante que todos nosotros ansiemos ser lo *más importante* para la otra persona. No es bueno ser el segundo en la vida de alguien. Ser el primero hace que el amor matrimonial sea único. Si usted es lo más importante para su cónyuge y su cónyuge es lo más importante para usted, todo lo que necesitan es el lugar adecuado y el suficiente tiempo para que florezca su romance.

3. El enfoque de los sentidos es en especial relevante para el romance.

Si todos los elementos están en su sitio para el romance, pero la persona se concentra en lo que sucede en su oficina o lo que está cocinando, el momento romántico pierde su poder. Necesito saber que *en este momento* lo único que pasa por la mente de mi pareja *soy yo*. Si no soy el centro de sus pensamientos y sentimientos inmediatos y ella no está en el centro de los míos, seguro que el romance será un fiasco o cuando menos será débil y poco satisfactorio.

Existe otra idea a considerar. Si mi pareja piensa en otra cosa en este momento, ¿cómo llamo su atención hacia mí y a este momento? ¿Y qué valor extraerá de la experiencia del romance?

Por ejemplo, si camino por la calle con mi pareja, nos sentimos bien y en un momento me parece que está ausente, que su mente saltó hacia algún problema, con seguridad esto desalienta mi momento romántico. Puedo decirle: «Te siento distraída y ausente. Por favor regresa, quiero que estemos juntos esta tarde». Con todo, esto es como si derramáramos una gran cubeta de agua sobre el fuego del romance. Es posible recuperarse, pero para que el romance tenga momentos especiales, debemos estar centrados el uno en el otro, sin interrupciones, si fuera posible.

El enfoque de los sentidos es una parte vital de la dinámica del amor. Hace que la experiencia mutua sea en verdad mutua. Si nuestras mentes están en algún otro lugar, nuestros corazones se irán a dormir y cuando esto sucede, el romance se derrite como un helado en un día caluroso y abrasador.

4. *El romance prospera cuando todos los sentidos están activados.*

Si los dos huelen en verdad bien, esto ayudará al romance. Si en el ambiente se escucha la música que les gusta a los dos, es un punto adicional. Si las estrellas alumbran el cielo nocturno con su brillante magnificencia, esto también contribuye. Si su pareja y usted toman una relajante bebida que seduce sus papilas gustativas, eso también mejora la situación. Si las manos de su pareja se sienten suaves como piel de bebé, qué gran estímulo para los sentimientos amorosos. Cuando todos sus sentidos están alerta y vivos, es casi seguro que el romance llegará a su nivel más alto.

Algunas veces las circunstancias en el entorno son casi tan importantes como el estado de ánimo interno. Por ejemplo, el romance se apaga después de un pesado día de trabajo, pero el tiempo libre crea una atmósfera maravillosa para las relaciones románticas. De manera similar, es muy poco probable que las situaciones de mucha ansiedad, las que distraen la atención hacia otros sitios, produzcan sentimientos amorosos.

Cuando las circunstancias son adecuadas, sus sentidos tienen la oportunidad de infiltrarse en su conciencia. En un momento tiene tiempo de oler las perfumadas flores, de oír cantar a las aves y de contemplar una hermosa vista. Más importante aun, tiene una mejor oportunidad de concentrar su vista, su tacto y el resto de sus sentidos en la persona que más ama.

5. El romance debe incluir a los dos cónyuges.

Es probable que no exista nada más frustrante que encontrarse en una relación romántica unilateral o de una sola vía. Una pareja sin romanticismo puede crear tal obstáculo que el grado de romance conyugal siga hundiéndose cada vez más hasta que desaparece por completo. Aunque, le diré algo: he visto a muchas personas seguir trabajando con sus parejas hasta que la chispa del romance enciende una llama apasionada.

Hace muchos años atendí a un médico y a su esposa cuyo matrimonio padecía un grave caso de trivialidades. La esposa era soñadora y romántica y se moría porque su marido también lo fuera. Sin embargo, él era un hombre ocupado que veía pacientes todo el día y muchas veces atendía emergencias por la noche. Se levantaba al amanecer y trabajaba hasta bien entrada la noche. Al llegar a casa, sentía agotamiento físico y emocional. Cuando su mujer le pedía algo de romance, él no tenía energías, no podía enfocar sus sentidos en ella.

Por fortuna, esta persistente mujer no se dio por vencida. Amaba de verdad a su esposo y estaba convencida de que él la amaba también (a pesar de que él no lo demostraba al principio). Ella empacaba su almuerzo e incluía notas amorosas. Algunas veces se levantaba antes que él, muy temprano, y le hacía su desayuno preferido. Otras veces, en secreto, planificaba con el administrador del consultorio para que no programara citas el viernes por la tarde y se llevaba a su esposo a pasar todo el fin de semana en una casa en la playa. Ella lo perseguía con un amoroso corazón y una férrea determinación.

Solo el hombre más frío no respondería a tal tratamiento, me siento feliz de decir que el espíritu romántico de este médico resucitó. Con el tiempo, comenzó a disfrutar los momentos románticos y tomaba la iniciativa para planificar citas y escapadas.

Como me dijo la esposa en nuestra sesión final: «Afrontémoslo. El romance necesita de dos participantes comprometidos por completo. Cuando yo era la única que lo perseguía, me sentía como si estuviera haciendo enormes inversiones sin recibir ningún reembolso. No obstante, sabía que un día cosecharía los dividendos y llegó ese día. Nuestro matrimonio nunca ha estado mejor... ni más apasionado».

Por su parte, el esposo dijo: «No puedo creer que pasara por alto a esta hermosa mujer durante tanto tiempo». Luego agregó con una sonrisa: «Me imagino que tengo que recuperar el tiempo perdido».

¡Esto sucede! Si su vida amorosa en la actualidad es un camino de un solo sentido, no se dé por vencido. Con el suficiente estímulo, hasta la más débil chispa puede volver a encenderse en una intensa llamarada.

Qué hacer para que el romance cobre vida en su matrimonio

Existen muchas razones para creer que su clasificación romántica puede volar muy alto y lo hará. Si ustedes dos sencillamente lo desean, existe una gran probabilidad de que suceda. Cuando lo haga, todo en su relación será más emocionante para ambos. Bien vale la pena cualquier esfuerzo de su parte a fin de obtener el premio para el cambio positivo en su nivel de romance.

Una vez dicho esto, me apresuro a agregar que debe ser optimista *y* realista. Busque el progreso, no milagros. Lo que quiero decir es que diez por ciento de crecimiento anual es sin duda alguna alcanzable, y si coloca su mira en este mejoramiento, es posible que experimente año tras año una revitalización romántica. De aquí a cinco años, su matrimonio puede ser significativamente más romántico.

Después de aclarar estas bases, veamos los detalles específicos. A continuación encontrará un programa de siete pasos para rejuvenecer el romance.

1. *Por obvio que parezca, usted y su pareja deben pasar juntos más tiempo.*

Me refiero al tiempo abundante y constante. Algunas parejas apenas se ven durante la semana y luego esperan que su romance reviva por arte de magia el sábado por la noche. No obstante, es muy difícil retomar donde se quedaron el sábado pasado si no hay comunicación y tiempo para ponerse al día.

Marylyn y yo estamos juntos casi todas las noches. Ambos trabajamos fuera de casa y terminamos el día laboral a las seis de la tarde. Como tenemos dos automóviles, casi siempre conversamos por la tarde para hacer los planes de la noche. Algunas veces nos encontramos en un restaurante local y otras estamos ansiosos de llegar a casa. De una manera o de otra, casi siempre pasamos la noche juntos y no puedo decirle lo mucho que nuestro romance conyugal se beneficia de estos contactos cotidianos.

Durante la cena, nos ponemos al tanto de los hechos del día. Hablamos sobre las personas que vimos, las tareas que realizamos, las cosas que salieron bien y las cosas que salieron mal. Siempre que podemos, vamos más allá de contarnos sobre nuestros días para comentar sobre cómo nos sentimos y la manera en que reaccionamos a lo que sucedió durante el día. Espero con ansia estos momentos, mucho más de lo que espero disfrutar la cena.

Este ritual diario nos mantiene entrelazados con la vida del otro. Cada uno conoce la mayor parte de los detalles de lo que el otro enfrenta cada día y nos preocupamos de manera genuina por los progresos de nuestra pareja. Nos ayuda a conocernos desde el centro de nuestras almas hasta los límites externos de nuestros intereses. No es tanto lo que hablamos por un gran rato sobre nuestros días; es que nos interesamos muchísimo el uno por el otro, y estas conversaciones nocturnas son como leer las noticias sobre nuestros equipos preferidos.

2. Sueñen juntos.

Los sueños entrañan metas u objetivos para sus vidas individuales y para su matrimonio. Un gran sueño para su matrimonio necesita ser un gran sueño para ella y un gran sueño para él y un gran sueño para ambos. Este sueño marital les ayuda más cuando los actualizan. Si pasan de moda, es inevitable que pierdan su poder de motivación e inspiración.

Los exhorto a que tengan un sueño para su próximo año de matrimonio, otro para los siguientes cinco años y otro más para los próximos diez años. Además, los exhorto a que trabajen en sus sueños por lo menos dos veces al año, tal vez para su aniversario y a los seis meses.

El hecho de soñar juntos y trabajar juntos para lograr sus sueños contribuye de manera extraordinaria con el nivel de romance de su matrimonio.

(Para obtener más información e ideas sobre soñar juntos, lean mi libro *Learning to Live with the Love of Your Life... and Loving It* [Aprenda a vivir con el amor de su vida... y disfrútelo]).

3. Tomen tiempo cada día para ayudarse de manera consciente.

Si oran, pasen mucho tiempo orando por su pareja. Me he convertido en un apasionado creyente de la oración y paso mucho tiempo orando por Marylyn. Estoy convencido de que su vida es sustancialmente mucho más significativa gracias a estas oraciones.

Aun así, los efectos positivos de la oración van mucho más allá. Influyen mucho en nuestro amor mutuo. Esto nos hace regresar al concepto de enfocar nuestros sentidos. Cuando ora por su pareja, su cónyuge se encuentra justo en el centro de su conciencia. Todas sus esperanzas y buenos deseos se enfocan en esa persona mientras intercede ante Dios por ella.

4. Programe pasar un tiempo con su pareja por lo menos una vez al mes.

En realidad, no importa lo que hagan cuando estén juntos mientras ambos lo disfruten. Pueden dirigirse hacia un lugar remoto que a ambos les agrade, explorar un viejo pueblo fantasma, ir a su librería preferida, tener un almuerzo tipo picnic en el parque o visitar un museo de arte.

Cualquier cosa que hagan este día, el tiempo que inviertan satisfará su necesidad de romance marital como muy pocas cosas pueden hacerlo. Ofrecerá la promesa de pasar un tiempo poniéndose al día, un tiempo para reavivar la llama del amor y un tiempo para comprometerse de nuevo con «la vida» que los emocionaba tanto cuando se casaron. Empezarán a sentir mucha ansiedad porque llegue este tiempo y la mitad de la diversión consistirá en planificarlo.

5. Al menos dos veces al año, salga con su amor durante un largo tiempo.

Aunque las salidas cortas sean enriquecedoras, también necesitan días sin prisa y relajantes para alimentar su amor. Si es posible, vayan a un lugar hermoso, un sitio que les ayude a liberar la tensión y a olvidarse de las preocupaciones diarias.

Comencé este capítulo con un ejemplo de un fin de semana en las montañas. Sin embargo, existen muchas opciones para escapadas de fin de semana. Muchas parejas descubren que estar cerca del agua los conduce al romance. Viaje al mar en el fin de semana o a su lago o río preferido.

No necesita alterar su presupuesto para pasar un largo tiempo lejos. Encuentre una pequeña cabaña, empaque su equipo de acampar o pida prestada su casa rodante a sus amigos o familiares.

Lo que sea que decida, ¡hágalo! Y cuando lo haga, asegúrese que los momentos románticos sean la principal actividad en su programa diario. Eso significa caminatas junto al agua por la mañana, largas siestas por la tarde, cenas a la luz de la luna, baile y abrazos bajo las estrellas por la noche.

6. Busquen una actividad en que puedan atender a otras personas.

Hace algún tiempo leí un estudio de investigación que indicaba que las personas que pasaban tiempo ayudando a sus semejantes desarrollaban respeto, aprecio y atracción el uno por el otro. Necesitamos aprovechar esta sencilla pero significativa manera de hacer crecer el lado romántico de la relación matrimonial.

La preocupación por los demás nos hace sentir bien con nosotros mismos. No olvidemos este principio: nos sentimos más atraídos hacia las personas en cuya presencia nos sentimos bien. Una manera de sentirse bien con uno mismo es ayudando a otras personas que necesitan lo que puede ofrecerles. Cuando usted y su pareja ayudan juntos y lo disfrutan, le seguirán toda clase de sentimientos positivos y de amor.

7. Recuérdense con regularidad lo que significan el uno para el otro.

Aprovechen cada oportunidad para comunicarle a su pareja que es la persona más importante en su vida. Puede hacerle llegar este mensaje ya sea por escrito, verbal o a través de actos de ternura. Ya les he contado que a veces compro un libro para Marylyn e incluyo un pequeño poema en la primera página. Otras veces le llevo su golosina preferida. ¡Claro que ella puede comprarse un libro o un caramelo! Esa no es la idea. Estos pequeños gestos le aseguran que ella es el centro de mis sentidos, lo que la atrae más hacia mí.

¡Ahí lo tiene! No cabe duda que este método de siete pasos para mejorar su romance marital da resultado. Póngalo en práctica ahora mismo y le garantizo que le encantarán los resultados.

El romance marital es una excelente inversión

Me gustaría extenderme más con el asunto del romance marital, pero debo irme. Marylyn y yo tenemos una cita para ver una película esta tarde. Los dos queremos ver la nueva película de Tom Hanks y la función empieza a las cuatro y cuarenta de la tarde. Puede apostar que esta tarde pondré en práctica lo que le he dicho en este capítulo. Me sentaré muy cerca de ella durante la película, después la llevaré a cenar, le haré miles de preguntas sobre lo que piensa sobre esto y lo otro, escucharé cada una de sus palabras con atención y le mostraré que ella es la persona más amada en mi vida. Es posible que a usted también le gustara llevar a su amor al cine esta tarde.

Esto es lo último que diré antes de irme a mi encuentro amoroso: si se decide, puede hacer que su matrimonio sea cada vez más romántico por el resto de sus días juntos. Y por experiencia personal sé que cada inversión que haga en cultivar su relación romántica producirá mayores dividendos que cualquier otra inversión que pueda hacer jamás.

Anímese. Dé el primer paso al decirle a su pareja lo especial que es para usted. También sea persistente. Nada de lo que pueda hacer significará más para su matrimonio que sus insistentes esfuerzos por demostrar a su pareja lo mucho que significa para usted. Por último, sea optimista. Su romance *crecerá*, y cuando lo haga, su matrimonio será mucho más satisfactorio.

Capítulo Tres

Reavive su relación con risas y travesuras

La otra noche, Marylyn y yo regresamos a casa después del trabajo cansados, de mal humor e irritables. Nos habíamos levantado temprano por la mañana y habíamos pasado todo el día trabajando, lidiando con varios problemas y crisis. La revisión de nuestro correo, facturas y cuentas por pagar, no fue de gran ayuda para levantarnos el ánimo. Tampoco ayudó la llamada telefónica, una solicitud para un seguro sobre la hipoteca, que recibimos mientras preparábamos una sencilla cena.

Cuando nos sentamos a comer, sentí que era una de esas noches que podía hundirse enseguida en un pantano de tristeza. También era la clase de noche en que apenas lográbamos disimular nuestro mal humor. Decidí intentar algo.

—¿Sabes qué se me ocurrió hoy? —dije.

—¡Eh! —dijo Marylyn, mientras untaba mantequilla a un panecillo.

—No sé por qué vino a mi mente, pero recordé el hotelito Nassau —contesté con una tenue sonrisa—. Ya sabes de qué estoy hablando.

Una sonrisa apareció en su rostro.

—Claro que lo sé.

Eso fue todo lo que necesitábamos, pasamos los siguientes diez minutos recordando un incidente que ya se había vuelto parte de nuestras tradiciones familiares. Sucedió hace años en Princeton, Nueva Jersey, cuando nuestras tres hijas aún eran pequeñas. Habíamos hecho un regreso nostálgico a la ciudad que había significado mucho para nosotros cuando estábamos a punto de graduarnos de la escuela en el Seminario de Princeton. Nos encantaba comer en el hotel Nassau, un lugar elegante y extravagante que servía comida deliciosa. Habíamos olvidado que aquel era un lugar para gente estirada y anticuada que no quería saber nada de niños hasta después de cumplir los cuarenta. No obstante, nos condujeron a una mesa para cinco, por supuesto con mantel de lino, copas de cristal y una cantidad de cubiertos de plata que parecía imposible utilizar en una sola comida.

Al poco rato de estar sentados, Lindsay, nuestra hija más pequeña, comenzó a llorar y todos los ojos del lugar se volvieron hacia nosotros. Intentamos distraerla ofreciéndole todo lo que Marylyn llevaba en su cartera y yo en mis bolsillos, pero la negociación exigía algo mas (tal vez nuestras herencias). Con la cara roja, Marylyn levantó a la niña gritona y se dirigió al baño para damas. Mientras esto sucedía Luann, nuestra segunda hija, dejó caer el cuchillo y se abalanzó al suelo para recogerlo. Mientras me inclinaba para decirle que se levantara, me di cuenta que la pequeña Lorrie, de cinco años de edad, intentaba alcanzar un enorme vaso con agua fría.

«¡No!», dije casi gritando cuando agarré el vaso y derramé la mitad de su contenido.

Mi grito, así como el súbito movimiento, asustaron a Lorrie, quien comenzó a llorar, uno de esos llantos que empiezan con un débil quejido y siguen con un crescendo hasta convertirse en un asfixiante lamento. Era como una de esas sirenas de tres motores que se oye en la distancia, pero que se vuelven cada vez más fuertes hasta que lastiman los tímpanos.

Todo este tiempo, Luann buscaba con desesperación su cuchillo en el suelo, en donde descubrió otros tesoros más valiosos («Mira, papi, ¡encontré una moneda y un caramelo de menta!»).

Con los dientes apretados y un tono de voz que sobrepasó el volumen que yo hubiera querido darle, y que todo el mundo que se encontraba a seis metros a la redonda pudo escuchar, le pedí que «¡se levantara del suelo!».

Lorrie, que ahora se tragaba las lágrimas, fue en busca del agua de nuevo. Y aún podía escuchar a Lindsay lloriquear en el baño.

Una pareja mayor, vestidos en su ropa formal almidonaba nos veía con sus aburridas caras y con mordacidad se aclaraban la garganta. Se apareció un mesero y me preguntó si podía ayudarme. Le pregunté si tenía experiencia como niñera lo que no le pareció muy divertido. Después de otros cinco minutos de este barullo, logramos calmar a las niñas y atragantarnos una rápida cena antes de que empezara otra explosión.

Les aseguro que este vergonzoso episodio no era nada agradable en ese momento. Sin embargo, al pasar los años, se ha convertido en una de nuestras historias familiares que se vuelve cada vez más divertida siempre que la contamos. A medida que Marylyn y yo nos turnábamos para contar los detalles de aquella noche, nuestro mal humor se convirtió en risas.

Buen humor, risas y ese toque de travesura

Cuando dos personas desean fortalecer su matrimonio, pueden recorrer varias rutas distintas para lograr ese objetivo. La ruta que recomiendo está pavimentada con buen humor, travesura y afabilidad. Utilizo estas «herramientas» en mi matrimonio y exhorto a cada pareja a que haga lo mismo.

En mi práctica de sicoterapia, aconsejo con regularidad a las parejas que se sienten frustradas con sus conflictos y problemas. Mi trabajo es arrojar algo de luz para ayudarlos a comprenderse mejor, a perdonarse y a trabajar para vencer las dificultades. Debo decidir cómo representar mi papel. Puedo investigar a fondo el problema y aferrarme a los conflictos o puedo moverme hacia una posición positiva. La verdad es que ambas funciones son cruciales para la final reconstrucción del matrimonio. Con todo, ahora creo que mi primer método, de quebrarme la cabeza para ayudarlos a solucionar sus problemas, fue una enorme exageración del potencial de las alternativas que les podían ayudar. Ahora hago énfasis en este método más sencillo y mucho más encantador.

El buen humor en el matrimonio es clave para este esfuerzo. Se convierte tanto en un lubricante social como en un contribuyente vital al esfuerzo por la revitalización matrimonial. Su valor aumenta a medida que las dos personas tienen experiencias comunes, a medida que se incluyen el uno al otro en estas experiencias y mientras perciben que su unión es el centro de lo que experimentan. Entonces, me parece, que su risa produce el lazo que sella su compañerismo de maneras mucho más significativas.

La risa es el combustible en el tanque de una pareja

Tim y Jennifer se acercaron a mí después que escucharon uno de mis seminarios sobre el matrimonio. Padres de dos hijos varones menores de seis años, «sentían que trabajaban demasiado y que no les pagaban lo que merecían y se sentían exhaustos todo el tiempo».

«Necesitamos ayuda para encarrilar de nuevo nuestro matrimonio», me dijo Jennifer. «Tuvimos un matrimonio feliz durante los cinco años antes de que nacieran nuestros niños, pero luego...», su voz se apagó, así que Tim continuó.

«Pero luego comenzamos a pelear, nos distanciamos uno del otro y desaparecieron nuestros buenos sentimientos sobre el matrimonio», dijo. «Ahora más parecemos compañeros de habitación que esposo y esposa».

Me pidieron una cita para recibir terapia matrimonial y acepté de muy mala gana, de muy mala gana pues no estaba muy seguro de que necesitaran terapia. Sabía por experiencia que una pareja con niños pequeños a menudo necesita más horas de sueño, más romance, más oportunidades de hablar y más tiempo para invertir en la relación. Aun así, les dije que me encantaría ayudarlos si estaba en mis manos y programamos una cita para la semana siguiente.

Cuando Tim y Jennifer llegaron a mi consultorio, les pedí que me hablaran de su relación con más detalles y que describieran la situación que yo ya había escuchado miles de veces.

—Eché a andar mi propia empresa de diseño gráfico el año pasado —dijo Tim—, y trabajo muchas horas esforzándome en hacerla funcionar, regreso a casa cansado y desalentado... y me encuentro con Jennifer en la puerta con los niños a remolque, preparada para que me haga cargo. Necesito un descanso y me gustaría tener tiempo para contarle a Jennifer cómo estuvo mi día, pero ni siquiera eso obtengo.

Jennifer se veía ansiosa de contarme su parte de la historia.

—Bueno, no es como ir a un baño sauna y sentarse a leer una revista cuando Tim regresa a casa —dijo—. Mientras él cuida a los niños, yo hago todos los quehaceres que no puedo hacer mientras persigo a dos escurridizos niños por la casa durante todo el día. Me paso la tarde lavando platos, doblando ropa y recogiendo juguetes.

Era obvio que la cansada pareja sencillamente se había quedado sin combustible. Tim trabajaba demasiadas horas, Jennifer se sentía rechazada, Tim no sentía que su sacrificio en el trabajo se tomara en cuenta y los niños eran demasiado para que Jennifer los manejara sola. La reducción en su fuente de energía los había llevado al borde de la etapa de tirar la toalla.

Por fortuna, ambos eran estables en lo emocional, sabían cómo comunicarse y querían que su matrimonio triunfara. Hacía mucho tiempo que no rellenaban el tanque de combustible, así que el crepitar y el movimiento errático de su matrimonio por la carretera de la vida era más que comprensible.

Le dije a Jennifer,

—¿Qué es lo que más te agrada de Tim? —le dije a Jennifer.

Ella no quería responder a esa pregunta. Se sentía frustrada, cansada de sentirse abandonada, temerosa de que si decía algo positivo, estaría en desventaja. Se sentó y fijó la vista al suelo negándose a responder.

Como tenía una muy buena idea de lo que sucedía en su mente, esperé.

Después de unos noventa segundos, me miró con una mezcla de aburrimiento y arrogancia pintada en su rostro. Estas fueron sus palabras exactas:

—No recuerdo su pregunta.

—¿Qué es lo que más te agrada de Tim? —repetí.

—Creo que su sentido del humor —contestó en voz baja.

—Háblame sobre su sentido del humor —dije con una ligera sonrisa en mi rostro.

—Pues bien —dijo poco a poco Jennifer—, Tim es increíblemente cómico. No es que se esfuerce por serlo, él es así. Cuando empieza, puede hacerme reír durante horas.

¡Bingo! Habíamos logrado parte de la meta. Me imaginé que habían pasado meses, hasta años, hablando sobre sus problemas, pero tal vez hacía siglos que no se enfocaban sobre sus buenos sentimientos mutuos.

Desde luego, le pregunté a Tim qué era lo que más le agradaba de Jennifer. Con todas las advertencias que había recibido, su respuesta no se hizo esperar:

—Jennifer puede ser la persona más amorosa en el mundo.

Escuché el «puede ser», pero regresaríamos a su respuesta más tarde. Ansiaba ahondar en el comentario de Jennifer sobre el sentido del humor de Tim. ¿Por qué? porque estaba buscando combustible para esta relación y no hay mejor combustible que el buen humor, la risa y ese toque de travesura.

—Comencemos con el sentido del humor de Tim —dije—. Jennifer, puedes darme un ejemplo de cómo te hacer reír.

Se cruzó de brazos y dijo:

—Primero debo decirle que hace mucho tiempo que no es cómico.

—Regresa tan atrás como sea necesario —le dije.

Lo pensó por un momento y empezó con una ligera sonrisa en su rostro.

—Pues bien, a Tim le gustaba fingir que tenía mucho dinero. En la vida real, siempre hemos vivido esperando el cheque del salario. Aun así, un día hace un par de años, me llamó desde el trabajo y me dijo que quería llevarme fuera de la ciudad. Le pregunté a qué se refería, pero me dijo que consiguiera una niñera y que me arreglara, que pasaría por mí a las seis y media de la tarde. Conseguí a la niñera, me puse mi mejor vestido y, a la hora exacta según lo programado, sonó el timbre. Tim había convencido a uno de sus amigos para manejar la lemosina y ambos muy bien arreglados con corbatas negras y sombreros, me esperaban. Cuando abrí la puerta me dijo: "Buenas noches,

39

señora Jenkins, me honra con su presencia". Me doblé de la risa, pero su rostro permanecía impasible. Desde ese momento hasta que regresamos a casa no dejé de reír. Fue una de las mejores noches de mi vida.

Mientras Jennifer hablaba, miraba a Tim con el rabillo del ojo. Su mirada estaba distante, sonreía con timidez, pero a la vez con orgullo. Es obvio que le encantaba que su mujer contara esa historia. Durante los siguientes cinco minutos, ella revivió detalle tras detalle sobre *la* cita en la que Tim fue especialmente gracioso y, por lo menos esa noche, le robó el corazón. Todos reímos con gusto. Más aun, juntos enfatizamos un lado distinto de su relación y recargamos el tanque para la jornada hacia la revitalización de su matrimonio.

En realidad, tenían mucho trabajo por hacer y asuntos que resolver. Sin embargo, al llenar su relación del tan necesitado toque de travesura, creamos una actitud optimista que pronosticaba progresos.

¿Por qué es el buen humor tan importante en una relación?

Cuando dos personas disfrutan de diez minutos de risas juntos, como lo hicieron Tim y Jennifer, la risa es una poderosa medicina para su relación. Le diré por qué la risa es tan saludable para las parejas.

Todo se relaciona con experiencias comunes. Reímos juntos porque tenemos un punto de vista humorístico de la vida. Para ser más precisos, descubrimos que hemos interpretado un acontecimiento o situación de la misma manera y gracias a que involucra al sentido del humor, existe algo placentero en ello (y quizá insólito) sobre esa interpretación. El aspecto vigorizante de la risa en el matrimonio es otro ejemplo de la idea que discutimos antes; representa el enfoque de nuestros sentidos. Cuando los sentidos se enfocan en un suceso en el que participan los cónyuges, se crea un vínculo entre los dos en ese momento, un lazo similar a lo que ocurre cuando juntos ven un hermoso atardecer y se maravillan de su belleza.

Piense por qué Jennifer decía que el buen humor de Tim era tan agradable. Tim era una persona de clase media que fingía ser rico. Esto es lo que llamamos humor incoherente. Luego extendió la broma al hablar con formalidad y mucha seriedad: «Buenas noches, señora Jenkins, me honra con su presencia». Y extendió aun más la broma al permanecer impasible durante la noche. La capacidad de Tim de permanecer tan serio, al mismo tiempo que sabía lo absurda que era la situación, contribuía a que fuera más divertido para Jennifer.

Debemos considerar el otro aspecto que contribuyó a la declaración de Jennifer que «fue una de las mejores noches de su vida». Todo lo relacionado con la noche era positivo en cuanto a Tim y Jennifer. La recogió en un auto lujoso, la invitó a una elegante cena y le prodigó atención y cumplidos. Jennifer sintió que Tim en verdad la amaba, que era al mismo tiempo divertido y sentimental. No podía pasar por alto el cuidado con que preparó cada detalle y era muy obvio que su amor por ella era lo que motivaba estos preparativos.

El buen humor en el matrimonio debe hacer reír a las dos personas. Si Tim hubiera preparado una situación en la que de cualquier manera Jennifer se sintiera humillada, pero que involucrara al sentido del humor, tal vez no habría ocurrido la comunión matrimonial. Algunas formas de sentido del humor, como el sarcasmo y la imitación pueden resultar hirientes, aun cuando sean cómicos. Sin embargo, el sentido del humor que conecta a dos personas con una buena carcajada puede hacer una diferencia positiva en un matrimonio.

Cuando se trata del matrimonio, no hay otro orador más gracioso en Estados Unidos que Kevin Leman

El año pasado, Marylyn y yo tuvimos el gusto de participar en seminarios para matrimonios que se presentaron en grandes ciudades de Estados Unidos. Participaron cinco oradores y nosotros los escuchamos en cada seminario como si jamás los hubiéramos oído. ¡Así son de buenos!

El orador más gracioso es Kevin Leman, un sicólogo, decano, que durante muchos años trabajó con estudiantes en la Universidad de Arizona. Ha escrito diez buenos (y divertidos) libros, pero su genialidad brilla más en el escenario delante de cientos de miles de parejas.

Durante los cuarenta y cinco minutos que Kevin habla, mantiene a las parejas dobladas de risa. Describe con gran detalle las diferencias entre hombres y mujeres y se refiere a estas con tal precisión que cada comentario produce más risa que el anterior. Cuando termina, las gigantescas audiencias se ponen de pie, aplauden y demuestran con exclamaciones su aprecio por este hombre y aplaudirían durante diez minutos si el tiempo lo permitiera.

¿Qué les gusta tanto a las parejas de la presentación de Kevin? Les proporciona una poderosa experiencia común, una que es muy agradable tanto para el esposo como para la esposa. Se sientan y ríen juntos durante cuarenta y cinco minutos. Yo los observo. Se toman de las manos, se abrazan y se besan, se codean y durante todo este tiempo ríen juntos.

Kevin dice que ellos también necesitan escucharse. Les dice cosas que les aseguran que son iguales al resto de las parejas: sus peleas son normales; sus frustraciones por sentir que el hombre y la mujer son diferentes también son normales. Kevin desliza toda clase de valores dentro de su buen humor. Elogia al matrimonio y a la familia. Inspira a tal grado que hace que la gente se ría hasta no poder más.

¿De qué se ríen las parejas con más frecuencia?

Cada pareja tiene un lado gracioso distinto. Algunas parejas se provocan con bromas y con juegos de palabras. Otras responden a la hipérbole, utilizando exageraciones obvias para provocar risa. Incluso otras disfrutan del humor físico, haciendo payasadas e imitaciones tontas.

Cualquiera que sea la forma de humor, algunas cosas hacen reír a casi todas las parejas. Tal vez lo más popular sean los hijos de la pareja, que sin duda es el caso de Marylyn y yo. Cuando los niños empiezan a caminar, a hablar y a expresar sus sentimientos, los padres a menudo se ríen juntos a causa de esto. Es posible que sea el buen humor el que hace que la crianza de los hijos sea soportable pues, como sabemos todos los padres, la energía que se necesita para ser padre es enorme. Algunas veces, los requisitos emocionales (y físicos) de la educación de los hijos son casi abrumadores y la risa sirve como válvula de escape.

Soy un entusiasta fanático de las tiras cómicas de Bill Waterson, «Calvin y Hobbes» y recuerdo varias maravillosas tiras cómicas que presentaban el asunto de la educación de los hijos. Una de ellas era así: en el primer cuadro, la madre de Calvin está leyendo una factura y la lee en voz alta al padre de Calvin: «Así que el contratista dice que costará doscientos dólares arreglarlo».

El padre de Calvin se lleva las manos a la cabeza mientras dice: «¡Ah, que muchacho más tonto!».

En el siguiente cuadro, la madre de Calvin trata de abrazar al padre de Calvin, que está muy rígido y trata de apartarse de ella. Ella le dice: «Pues bien, todo esto es parte de criar a los hijos, ¿verdad?».

Su única respuesta es: «¡Hum!».

Luego, con una sonrisita en su rostro, la madre dice: «¿No lamentas que tuvimos a Calvin, verdad?».

Sus ojos están casi cerrados cuando contesta: «¿Y tú?».

En el último cuadro, la madre, cruzada de brazos, sus ojos cerrados para darle más realismo y lista para argumentar su punto de vista, dice: «Yo pregunté primero... Además, no fue MÍA toda la decisión».

Ahora el padre de Calvin pierde por completo el control. Sus brazos están abiertos hacia los lados, su boca bien abierta y dice: «Por lo que *yo* sé, te ofrecí que compráramos un perro, pero no, *tú* dijiste...».

¿Se imagina cómo una conversación así lo llevaría al final a chillar de la risa? Unos momentos más tarde, es probable que la pareja se dé cuenta de lo absurdo del debate y rían a carcajadas.

Conozco parejas a las que, por lo general, les suceden cosas graciosas. Marylyn y yo tenemos dos buenos amigos, Charlene y Claire Johnson, a quienes conocemos desde hace más de treinta años. Cada uno tiene el don del ingenio y parece que los persiguieran los sucesos graciosos.

En una ocasión, Claire se enfermó y Charlene lo llevó al hospital. El médico lo examinó en un consultorio que tenía una plataforma elevada como de treinta centímetros sobre el suelo. Después de examinarlo, el médico pidió a su enfermera que inyectara a Claire y este salió del consultorio y llegó hasta la puerta para darle a Claire una prescripción.

La enfermera dijo a Claire: «Bien, quítese los pantalones y la ropa interior e inclínese».

Claire obedeció. Sin embargo, justo en el momento en que la enfermera colocaba la enorme aguja en su piel, la plataforma cedió y Claire cayó al piso tropezando con sus pantalones. La enfermera que intentaba no perder el control de la aguja, que todavía seguía clavada en la piel de Claire, cayó sobre él. Se oyó un estruendo. Y allí estaban Claire con los pantalones en los tobillos y la enfermera sosteniendo precariamente la aguja. Una vez que se estableció su seguridad, Charlene, el médico y hasta los dos que yacían en el suelo no podían dejar de reír. Mi opinión es que la risa curó más que la inyección.

Una de las parejas más divertidas que conozco son Audrey y Roy Kepple, que vivían en Kansas. Roy era el mejor amigo de mi padre. A los Kepple les encantaba reír y eran excelentes bromistas. Mis padres y yo los visitábamos durante tres o cuatro días. Mientras hacíamos las maletas para marcharnos, Roy dijo con la cara muy seria: «Espero que no se lleven alguna de nuestras pertenencias». Todos nos reímos de lo absurdo de su comentario.

No obstante, cuando nuestras maletas ya estaban listas y las llevamos a la sala, antes de cargar el auto, Roy anunció que iba a revisar la habitación de huéspedes para asegurarse que no faltara nada. Treinta segundos más tarde, Roy de repente gritó: «¡Audrey, Audrey, nuestra frazada no está... ya sabes, la que es tan cara!».

Regresó corriendo a la sala sin sonreír y dijo a mis padres: «Espero que no lo tomen a mal, pero debo revisar sus maletas para ver si no se llevan cosas».

Abrió la maleta de mi padre, buscó bajo la ropa y sacó la frazada que él mismo colocó allí antes. Reímos escandalosamente durante dos o tres minutos. La risa se oía por ratos pues Roy, del todo serio, continuaba fingiendo asombro y disgusto con el comportamiento «delincuente» de mi padre.

El buen humor de Cristo

Ningún documento sobre el buen humor me ha sorprendido más que el bien documentado e intuitivo libro de Elton

Trueblood titulado *The Humor of Christ* [El buen humor de Cristo]. Trueblood insiste de manera persuasiva y extensa en que Jesús utilizaba el buen humor en sus enseñanzas. Es más, el autor sostiene que el buen humor de Jesús fue crucial para su atractivo:

> El difundido error para reconocer y apreciar el buen humor de Cristo es uno de los aspectos más sorprendentes de la era a la que Él le da nombre. Cualquiera que lea los Evangelios Sinópticos con cierta libertad de presuposiciones esperaría ver que Cristo reía, y que Él esperaba que otros rieran, pero nuestra capacidad de pasar por alto este aspecto de su vida es fenomenal. Estamos tan seguros de que Él siempre estaba mortalmente serio que con frecuencia torcemos sus palabras a fin de hacerlas coincidir con nuestro preconcebido patrón. Una desencaminada piedad nos hace temer que la aceptación de su obvio ingenio y humor nos convertiría de alguna manera en blasfemos o sacrílegos. La religión, pensamos, es algo muy serio, y los asuntos muy serios son incompatibles con las bromas[1].

Trueblood continúa resaltando extractos de pasajes en los cuales las historias e imágenes de Jesús parecen diseñadas para evocar sonrisas y hasta risa de sus audiencias. Ahora es muy claro para mí que Jesús reconocía el increíble valor de ver la verdad desde nuevas perspectivas. Utilizaba la ironía y la sátira con exactitud y a menudo espetaba los irremediables métodos de la vida con estocadas de ingenio. Señalaba la manera de lograr los verdaderos objetivos de la vida, los que involucren satisfacción, sentido, justicia y lealtad, y Él y las personas reían cuando reconocían y se encaminaban hacia esos objetivos.

El poder sanador de una buena carcajada

A finales de la década de 1970, Norman Cousins publicó su impactante libro, *Anatomía de una enfermedad*. La mayoría de los estadounidenses conocía a Cousins pues había trabajado durante veinticinco años como editor de la popular revista *Saturday Review of Literature*. Además, es autor de quince libros muy aclamados y había dirigido discursos a enormes audiencias.

En *Anatomía de una enfermedad* Cousins contaba la historia de los sorprendentes efectos de la risa en su batalla contra la espondilitis anquilosante, una enfermedad del tejido conectivo. En un desesperado intento de distraer su mente del dolor de la intensa inflamación de su columna vertebral y articulaciones, empezó a escuchar cintas y a ver películas en la televisión que lo hacían reír con gran estrépito. Descubrió que diez minutos de risa fuerte le proporcionarían dos horas de sueño sin dolor. La sugerencia de Cousins de que la risa cambiaría el progreso de su enfermedad creó un enorme alboroto en los círculos médicos y con el tiempo la prueba empírica de sus argumentos se ha documentado repetidas veces.

No hay duda de que la risa contribuye de manera significativa a la salud física. Los investigadores han establecido que las personas que dan más importancia al buen humor y que a menudo lo disfrutan, son más capaces de hacer frente a las tensiones y a las enfermedades. Son tan reconocidos los poderes curativos del buen humor y la risa que forman parte específica de los tratamientos para pacientes en los hospitales de todo el mundo.

He aquí mi adición a este asunto: las parejas que disfrutan de la risa tienen más probabilidades de sobreponerse a cualquier «enfermedad» que afecte al matrimonio. Eso se debe a que el buen humor se basa en perspectivas. He notado que algunas parejas pueden girar un asunto ligado a su relación de manera que los divierta, aun cuando les moleste. Si optan por enfocarse en la diversión, algunas veces pueden cambiar un conflicto matrimonial, en potencia doloroso, a un suceso que desencadene risas y aplaque los sentimientos del uno contra el otro.

Una vez aconsejé a una pareja, Jeff y Marianne, quienes afrontaban un cambio extraordinario en sus papeles dentro del matrimonio. Cuando se casaron, Jeff era un exitoso hombre de negocios con una considerable cartera de acciones financiera. Sin embargo, en una drástica caída de la economía, perdió casi todo. Cuando vinieron a verme, Jeff tenía un trabajo estable, pero no le pagaban casi nada.

Durante mucho tiempo, Marianne basó su respeto hacia Jeff en los logros de su carrera y en su generosidad. Ahora todo esto había cambiado. Él proveía menos de lo que consumían. Ya no se podía dar el lujo de ser tan generoso como lo fuera antes; es más, se volvió muy tacaño con su magro sueldo. Para complicar el asunto, Marianne prácticamente mantenía a ambos con su sueldo. Él estaba deprimido y ella frustrada. Él se sentía un fracasado y ella ya se había cansado de que él sintiera lástima de sí mismo. La ira acechaba bajo la superficie de cada conversación.

Jeff y Marianne luchaban contra este difícil cambio de situación, que con facilidad los podría separar. A pesar de todas sus pérdidas, se aferraban a su sentido del humor. Algunas veces tenía que ser directo y brutalmente sincero con Jeff y me preguntaba si se enojaría y se pondría a la defensiva. Por fortuna, Jeff podía cambiar su perspectiva y decir algo ingenioso que daba rienda suelta a la risa de los tres.

El hombre escuchaba con atención mis dolorosas y sinceras observaciones y se sentaba, cerraba los ojos, levantaba la cabeza y decía algo así: «¡Vaya! Parece como si estuviera empeñado en arruinar mi matrimonio como lo hice con mi negocio, ¿qué clase de tonto he sido?». Entonces haría una mueca absurda para enfatizar su absurdo comportamiento. Mientras más reíamos, mejor nos sentíamos los unos con los otros.

Algunas veces Jeff empleaba comentarios humorísticos que desaprobaban su propia conducta para aliviar la tensión del momento. Podía decir: «No puedo creer que haya sido tan cruel. ¡Si tuviera un centavo por cada vez que he sido cruel con Marianne, no tendríamos problemas de dinero!» o «Cuando la gente me llamaba "pobrecito" nunca pensé que tendría una denotación tan literal».

Con el buen humor como aliado, la dinámica conyugal comenzó a cambiar. Su esposa con frecuencia decía algo así: «Ah, cielo, es cierto que has sido obstinado, ¡pero yo también lo he sido! Me siento decepcionada de ti y de los dos. A veces me imagino lo cruel que he sido contigo». La sanidad seguiría avanzando.

La perspectiva es el corazón del buen humor y el buen humor es el corazón de la sanidad. Un pequeño acercamiento desvanece nuestras defensas y crea la libertad de ver la verdad. Cuando desarrollamos una nueva perspectiva para los viejos problemas, impulsamos cada vez más la felicidad conyugal.

El sentido del humor es una parte vital del ser humano

Trabajo muy de cerca con docenas de parejas que intentan determinar si deben casarse. El sentido del humor es esencial en su proceso de selección. Para algunas personas, puede ser una de las cuatro o cinco cualidades más importantes que buscan.

En uno de mis libros, *How to Know If Someone Is Worth Pursuing in Two Dates or Less* [Cómo saber, en dos citas o antes, si vale la pena perseguir a esa persona], aliento a las personas solteras a pasar tiempo conociéndose bien a sí mismos. Sobre la base de su conocimiento personal, tendrán más capacidad de desarrollar una lista de las diez cualidades más importantes que la otra persona debe tener para considerarla su alma gemela. Casi todas las personas que realizan este ejercicio reconocen la necesidad de casarse con alguien que puede ver el lado divertido de la vida.

Hace poco encontré la novela de Dostoievski *El adolescente*, la cual contiene este revelador pasaje:

> Si deseas escudriñar dentro del alma humana y conocer a un hombre, no te molestes en analizar su manera de guardar silencio, hablar, llorar o ver cuánto se conmueve con ideas nobles; obtendrás mejores resultados si solo lo ves reír. Si ríe con franqueza, es un hombre bueno [...] Por lo que yo sé, la risa es la manera más confiable de medir la naturaleza humana. Mira a los niños, por ejemplo: los niños son las únicas criaturas que producen una risa perfecta y eso es lo que los hace tan encantadores [...] un niño sonriente y alegre es un rayo de sol del paraíso para mí, una revelación del gozo futuro cuando el hombre al fin tendrá un corazón sencillo y puro como el de un niño[2].

Estoy convencido de que en el matrimonio, dos personas que ríen juntas a menudo modificarán, y algunas veces anularán, el proceso negativo que amenaza con destruir su relación. Con su risa se vuelven tan puros e indefensos como los niños pequeños.

¿Cómo lleno mi matrimonio de más humor?

Le sugeriré algunas maneras de maximizar la risa en su matrimonio.

Primero, cuando oiga una buena broma, escríbala o relaciónela enseguida con algo para que no la olvide. ¿Le gustan tanto los chistes como a mí? A duras penas me contengo para contárselo a Marylyn hasta verla en la noche. A ella también le gusta contarme algún chiste de vez en cuando y aunque no se considere una humorista, es obvio que disfruta verme reír.

Segundo, busque acontecimientos y situaciones graciosas que pueda contarle a su cónyuge. Por ejemplo, en otro libro de Norman Cousins, *Primero la cabeza*, él recopiló avisos que aparecían en la sección «Personal» de *Saturday Review*. Me encantaba leérselos a Marylyn, el que más nos hizo reír fue este:

> ¿Ya no puede levantarse por las mañanas como lo hacía antes? Nuestro invento, que se conecta a su reloj despertador, es una adaptación de un punzón eléctrico para el ganado y se puede conectar con facilidad con los resortes de su cama. Le garantizamos que se levantará rapidísimo. Servicio de levantado veloz.

Otro que también nos hizo reír:

> Un error de computadora ha dado como resultado una gran existencia de sillas giratorias accionadas con electricidad, que giran a unas ciento cincuenta revoluciones por minuto de manera automática al colocar el peso del cuerpo en la silla. Excelente compra para personas que son resistentes a los mareos.

Una tercera forma de llevar el buen humor a su matrimonio es ver películas o espectáculos divertidos en la televisión. Existen docenas de ellos. Una de nuestras películas favoritas es *Sillas de montar calientes*. También rompemos a reír cuando vemos *El nuevo caso del inspector Clouseau* y los episodios de la televisión *Amo a Lucy*.

También son muy divertidos los casetes. Bill Cosby tiene muchos de ellos y compramos cada casete de Garrison Keillor que estén a la venta. Un amigo nos envió un casete de algunos programas de radio de *Amos y Andy* que disfrutamos muchísimo.

Cuarto, envíense un libro gracioso de vez en cuando. Nosotros disfrutamos en especial del buen humor de Erma Bombeck en su libro *The Grass Is Always Greener Over the Septic Tank* [El césped es siempre más verde sobre la fosa séptica], y el de Art Buchwald *You Can Fool All of the People All of the Time* [Puedes engañar a toda la gente todo el tiempo]. Y si quieren poesía que los haga reír, hagan la prueba con los libros de Judith Viorst, tales como *It's Hand to Be Hip Over Thirty and Other Tragedies of Married Life* [Es muy difícil estar contento después de los treinta y demás tragedias de la vida conyugal] o *How Did I Get to Be 40 and Other Atrocities* [Cómo llegué hasta los cuarenta y otras atrocidades].

Por último, si usted y su pareja oran juntos, no teman dejar entrar a Dios en su humor matrimonial. Cuando Marylyn y yo éramos jóvenes, nos hubiera parecido sacrílego reír cuando orábamos, pero ya no. Esa actitud cambió cuando fui decano de la Escuela de Graduados de Sicología y conocí a Agnes Sanford, una mujer increíble que escribió muchos libros sobre la oración y a su igualmente increíble asistente, Edith Drury. Ellas se tomaron la molestia de enseñarnos a orar a Marylyn y a mí. Las dos mujeres tenían una relación personal muy cercana con Dios que incluía una maravillosa apreciación del buen humor en su presencia. Sus conocimientos de Dios y el buen humor enriquecieron muchísimo nuestro matrimonio. Ahora, cuando Marylyn y yo oramos juntos, uno de nosotros dice: «Señor, fue muy divertido hoy cuando los nietos estaban aquí y...». Luego comenzamos a reír de algún incidente gracioso. O: «Gracias Señor por la capacidad de reírnos de nosotros mismos, de seguro me hizo falta hoy cuando...». Y de nuevo estallamos en risas.

Muéstreme a una esposa y un esposo que les guste reír juntos y les mostraré a una pareja que tiene enormes probabilidades de lograr la máxima satisfacción en el matrimonio. Este es un recurso para construir matrimonios que está al alcance de todo aquel que lo quiera. Llene su hogar con risas y buen humor y su relación cobrará vida con regularidad.

Capítulo Cuatro

Revitalice su matrimonio con optimismo

¡Este es un capítulo optimista sobre matrimonios optimistas!

Una dosis saludable de optimismo mejora la relación conyugal y multiplica el desempeño de la relación entre los esposos. Sin embargo, aún hay mejores noticias: si a usted y a su cónyuge les falta este vital ingrediente, es bastante fácil adquirirlo.

Durante los últimos diez años, docenas de estudios de investigación y observación han demostrado los beneficios del optimismo en la vida de los seres humanos, en matrimonios y familias, en empresas y en la sociedad como un todo. Estos estudios revelan que a los optimistas les va mejor en los estudios, el trabajo y los deportes que a los pesimistas. Es posible que la gente positiva y llena de esperanzas logre más metas, controle el estrés en una forma más sensata, supere la depresión con más facilidad, trate las enfermedades con mayor eficacia y, por esa misma razón, viva más.

Si usted y el amor de su vida logran aprender a cómo llevar su relación con más optimismo, sin duda tendrán un matrimonio enriquecedor y el posible riesgo de problemas matrimoniales y divorcio disminuirá de manera significativa. Cuando los problemas conyugales se vuelven más difíciles, el optimismo en pareja es el elemento determinante, pues ayuda a vencer cualquier dificultad.

El desafío a mantener el optimismo aun en los tiempos difíciles

Como punto primordial en mi carrera, decidí enfocar mi investigación y práctica clínica en el asunto de la vida y la muerte. Tuve en mis manos los expedientes de los individuos o parejas que habían perdido a un ser querido y en estos encontré a varios padres con hijos que habían muerto o estaban a punto de morir. La muerte de un hijo provoca mucha tensión en un matrimonio, y la separación es el siguiente paso, lo cual no es raro en matrimonios bajo tal tensión. Si los cónyuges no se comunican ni se consuelan el uno al otro, la distancia emocional será inevitable. A partir de ese momento, los dos cónyuges lidiarán con su tristeza como seres independientes y no como pareja. En medio de su angustia y pena, el vínculo matrimonial se puede disolver sin notarlo siquiera. Esta es una de las principales razones por las que muchos esposos rompen su relación después de una catástrofe familiar de grandes magnitudes.

Si el matrimonio se disuelve o no, depende a menudo del grado de optimismo de la pareja. Hay una buena posibilidad de que el matrimonio sobreviva, y prospere, si se sienten esperanzados en su habilidad para coordinar sus esfuerzos de recuperación y sacar fuerzas el uno del otro. Si son pesimistas en cuanto a sus posibilidades de recuperación, y sus capacidades de permanecer unidos a través del proceso, el pronóstico matrimonial no será bueno.

Recuerdo muy bien a la pareja que vi un día después que sus dos hijos, de ocho y diez años de edad, fallecieron en un accidente de tránsito. Trabajé con Ken y Sarah durante meses y hubo momentos en que a Sarah no le importaba su esposo ni su matrimonio. No creía que lograrían superar su horrible tristeza.

Durante nuestras primeras sesiones, Sarah solía decir algo así: «Vamos a enfrentarlo. Toda nuestra relación tenía como base criar a nuestros hijos juntos. Sin *ellos* no *tenemos* futuro».

Muchas veces antes había guiado parejas a través de los destrozos de la pena, y aunque creía que Ken y Sarah podrían superarlo juntos, sabía que su matrimonio estaba a punto de romperse. Mi meta era ayudarlos a que hicieran un esfuerzo en común e inyectarles un poco de optimismo diciéndoles que juntos lograrían superar su tristeza. Cuando estaban a punto de desfallecer y se precipitaban a expresar su tristeza y su ira sin inhibiciones, los animaba a escuchar con atención, a creer que con el tiempo encontrarían fortaleza para todo su pesar. Cuando Sarah habló sobre el deseo de disolver el matrimonio, una relación que se veía muy vacía para ella sin sus hijos, traté de brindarle un apoyo temporal para que le dijera su pesar a su esposo en un momento en que podían sentirse más unidos en su relación.

Es obvio que a uno le gustaría que el optimismo creciera con el tiempo, que al final resultaran miles de experiencias en las que los cónyuges probaran su capacidad colectiva de enfrentar cualquier cosa que se les presente. A uno le gustaría que su perspectiva matrimonial fuera cada vez más positiva, de manera que cuando se encontraran con una horrible tragedia familiar, su matrimonio permaneciera fuerte al enfrentarla. Sin embargo, a veces tenemos que crear una fuente de optimismo en medio de una crisis.

Me agrada mucho informar que Ken y Sarah continúan con el optimismo suficiente que los ayuda a superar los días más difíciles, los cuales a cambio les dan la seguridad de atravesar los menos difíciles. A medida que pasaba el tiempo, su optimismo aumentó y aprendieron a resolver hasta el último reto que descargó la tragedia sobre ellos. Al final, consideraron la idea de aumentar la familia y ahora tienen dos niños más. Hoy día tienen una familia y un matrimonio estable y sólido.

La diferencia radical de un matrimonio optimista

Si su matrimonio se ha vuelto más optimista, será debido a que ambos desarrollan la confianza en su habilidad combinada para enfrentarse con retos futuros de manera eficaz y armoniosa. Digamos que tienen tres niños que quieren y merecen una educación universitaria. Con el costo tan elevado de las universidades en estos días, ¡esta posibilidad puede ser de cero! No obstante, si usted y su esposa son optimistas, estarán seguros de su capacidad para cumplir con las demandas financieras que se presenten. Si tienen confianza en que de alguna manera gozarán de solvencia económica para cubrir esos costos, lo más probable será que manejen el problema de tal manera que incrementen las posibilidades de éxito.

De igual manera, si sus hijos están llegando a la adolescencia, su grado de optimismo matrimonial determinará la seguridad para manejar juntos los retos que trae implícito el ser buen padre en esta etapa tan difícil. Si usted y el amor de su vida están planificando su retiro, su optimismo se relacionará con su nivel de confianza, de manera que lograrán superar cualquier problema relacionado con la tercera edad, incluso si esto incluye deterioración física o mental, será capaz de enfrentarlos.

He aquí el punto crítico: mientras más optimista sea como pareja, más eficiente será en sus momentos de reto. Además, mientras más optimista sea, más relajado y en paz estará su matrimonio antes de que ocurran los problemas.

Si el optimismo aporta eficacia a la vida, el pesimismo contribuye del mismo modo a la ineficacia. Y si el optimismo casi siempre resulta en tranquilidad y confianza, el pesimismo provoca y acompaña a la duda y la depresión.

El optimismo puede ser contagioso

Christine y Michael vinieron a verme primero por consejería antes de casarse. Él tenía treinta años y ella veinticuatro. Ambos procedían de hogares divorciados y querían pesar con cuidado su decisión de casarse.

De inmediato me di cuenta que a Christine le era muy difícil mantener a Michael en el camino del matrimonio. Cada vez descubrían un nuevo problema. Michael se acobardaba y comenzaba a buscar una salida. Christine escuchaba con atención sus dudas y sus advertencias y luego inventaba una excusa acerca del porque aún debían insistir en casarse.

Michael era susceptible a su influencia, pero no estaba dispuesto a repetir el divorcio de sus padres, el cual le había causado tanto dolor a él y a sus hermanos. Trataba de evaluar los comentarios de Christine, cuyo fin era transmitirle que su matrimonio sería satisfactorio para ambos. Sin embargo, el pesimismo crónico de Michael provocaba que él se enfocara sin cesar en sus faltas a la vez que minimizaba sus valores. Le interesaba más tomar precauciones contra el fracaso que en darse la oportunidad de lograr una relación satisfactoria.

Christine, por su lado, tendía a ver todos los problemas como un reto que podría enfrentarse, y debido a que se enfocaba en sus puntos fuertes como pareja, creía que serían capaces de afrontar con éxito cualquier problema. Insistía en su potencial positivo como pareja, mientras que la mente de Michael estaba llena de miedos y preocupaciones.

«Michael, hemos tomado varias pruebas prematrimoniales y cada una muestra que hemos acoplado bien», decía Christine. «Además, hemos terminado muchos asuntos en consejería. Nuestra relación es fabulosa, y no hay razón para pensar en que no seguirá siendo maravillosa después que nos casemos».

«Sí, pero dos personas no saben en verdad cómo les irá sino hasta que se casen», protestaba siempre Michael. «Las pruebas, la consejería... todo eso está bien, pero estoy seguro que también nuestros padres creían que se acoplaban muy bien cuando se casaron. Es más, estoy seguro que todas las parejas que planean casarse piensan que van a superar las diferencias y van a seguir juntos para siempre».

A pesar de todas las evasivas de Michael, al final se casaron y los vi algunas veces durante los primeros ocho años de su matrimonio. La última vez que vinieron, se iban a mudar a la ciudad de Nueva York, en donde Michael había aceptado un importante puesto en una empresa grande de publicidad. Yo hubiera imaginado que su nuevo trabajo, la mudanza y todo hubieran sido la excusa perfecta para no aceptar su nuevo trabajo.

—¿Estás decidido a mudarte Michael? —le pregunté—. ¿Estás nervioso, ansioso?

—En realidad, no —me respondió—. Lo veo como una aventura. Hemos visitado Nueva York varias veces y nos encanta la energía y el entusiasmo de allí. Además, si no resulta, podremos regresar.

Christine estaba sentada junto a él, feliz de que llevara el hilo de la conversación. Noté que no lo presionaba ni se «imponía» como antes.

—¿Qué tal tu nuevo trabajo —le pregunté—. Me parece que es un gran paso, ¿no?

—Por supuesto, será un reto, pero trato de disfrutar los retos. Es agradable estar en situaciones que te hacen crecer y desarrollarte. Estoy seguro que podré hacer un buen trabajo.

Estaba tan sorprendido del optimismo que irradiaba Michael que tenía que preguntarle acerca de su vida matrimonial.

—Cuéntame algo sobre Christine y tú. ¿Recuerdas tu aversión al matrimonio? ¿Qué piensas ahora?

—Creo que nos va de maravillas —respondió sin dudar—. Cuando miro hacia atrás, me siento un poco ridículo acerca de lo mucho que traté de evitar el matrimonio. Supongo que es muy sabio ser previsor, pero era obvio para todo el mundo excepto para mí que Christine y yo estábamos hechos el uno para el otro.

Noté que Christine sonreía mientras Michael continuaba.

—Claro que, como toda pareja, hemos tenido nuestras diferencias durante estos años, pero nada que no se pueda controlar. Nuestra relación mejora cada día que pasa.

¿Qué sucedió con el pesimismo característico de Michael? Me fascinó del todo que se hubiera convertido en un apasionado optimista.

¿Por qué Michael se volvió optimista?

Para comprender por qué Michael se volvió más optimista durante sus ocho años de matrimonio junto a Christine, comencemos con definiciones. De acuerdo con el Diccionario de la Real Academia Española, un *optimista* es una persona «que propende a ver y juzgar las cosas en su aspecto más favorable». Por otro lado, un *pesimista* es una persona «que propende a ver y juzgar las cosas por el lado más desfavorable». En ambos casos, tratan de prever con certeza un resultado futuro. El optimista evalúa con exceso los factores que lo guían a un pronóstico positivo. El pesimista, por el contrario, se enfoca en los hechos negativos; así que la predicción es negativa.

No hay diferencia en los niveles de inteligencia de Michael y Christine. Cuando se trata de tomar decisiones, casi siempre toman las mejores. Ambos tratan de prever basados en información pertinente. Sin embargo, el optimismo de Christine fue el que prevaleció con el paso del tiempo porque acertó muchas veces en sus predicciones.

La razón tiene relación con el enorme potencial de toda persona: el potencial de cambiar los resultados finales a través de un desempeño muy motivado. Si el desempeño de cada persona se determina en parte por sus expectativas de los resultados finales, el pronóstico positivo de un optimista sobre el resultado es probable que produzca un nivel de satisfacción superior, mientras que el pronóstico negativo de un pesimista es probable que produzca un nivel de satisfacción inferior.

No deberíamos dar por sentado que los pesimistas sabotean un proceso a fin de probar la certeza de su previsto resultado. No obstante, podemos suponer que los pesimistas no se sentirán motivados a tratar de esforzarse mucho. Es probable que su desempeño esté muy lejos de ser el mejor. Puesto que no esperan un resultado positivo, no tienen por qué esforzarse. En parte debido a que predijeron un resultado positivo, los optimistas se esforzarán mucho a fin de que su desempeño se corresponda con su evaluación inicial del resultado.

He aquí lo más importante: la gente tiende a gozar de más autoestima cuando da lo mejor de sí. Por lo tanto, un pronóstico positivo de un resultado puede hacer que las personas hagan sus mejores esfuerzos *y*, como resultado, que tengan más confianza en sí mismos. Es obvio para mí que Christine le demostró estos principios a Michael con el paso del tiempo y el atractivo de su alto desempeño y su alto logro hicieron que él cambiara de parecer.

El mejor optimismo se basa en la realidad

El secreto de una vida maravillosa es la capacidad de hacer buenos juicios con regularidad. En mi libro *Finding Contentment* [Cómo encontrar la satisfacción] (Thomas Nelson Publishers), menciono que «se puede experimentar satisfacción duradera solo cuando se tiene el valor para ser entrañable y profundamente uno mismo, la persona que descubre en su interior cuando toma decisiones cuidadosas y firmes sobre su vida a lo largo del camino».

Ahora bien, estoy sugiriendo que el optimismo produce mejor salud, mejor satisfacción, mejores matrimonios y mejor calidad de vida. Con todo, quiero aclarar que solo vale la pena ser optimista cuando el optimismo se basa en el buen juicio. El optimismo que lo guía a expectativas irreales puede dañar de manera irreparable a las personas y a los matrimonios.

La clave es basar sus pronósticos futuros en la información más positiva que tenga sobre el pasado y el presente. Usted desea que su predicción dé por hecho su mejor esfuerzo debido a que su satisfacción temporal depende de sentirse motivado para desempeñarse en ese nivel superior.

Sin embargo, es necesario aclarar que todos los optimistas sanos basan su punto de vista en el fundamento sólido de un análisis cuidadoso de toda la información relevante. Si su optimismo se basa en el deseo más que en la razón, lo más seguro es que lo desilusione y lo decepcione. Las personas que todo el tiempo emiten juicios acerca de resultados futuros demasiado prometedores e inalcanzables son poco agradables.

Las personas más atractivas del mundo son los optimistas inteligentes que esperan resultados positivos y se esfuerzan por lograrlos, cuyo logro se puede prever porque hay hechos y antecedentes que lo demuestran.

¿Qué hace que algunas personas sean optimistas y otras pesimistas?

La evidencia considerable de investigación indica que el optimismo y el pesimismo provienen de dos fuentes principales. La primera tiene que ver con nuestras previas experiencias en la infancia. Los niños que padecen adversidades y tragedias, enfermedades graves, divorcio, violencia, abusos, son más propensos a tener pensamientos pesimistas. Por otro lado, los niños que crecen con padres comprensivos y alentadores, en la unión familiar y satisfacciones personales tienen más probabilidades de tener un punto de vista optimista.

La segunda fuente del optimismo es lo que algunos escritores han llamado el *estilo de explicaciones paternas*. Un estudio de la sicóloga Judy Garber, de Vanderbilt, descubrió que los adolescentes jóvenes con frecuencia tienen en la vida el punto de vista de la madre. Aprenden el estilo de la madre con respecto a interpretar situaciones y tienden a prever resultados similares.

Si los niños están convencidos de que las adversidades y los fracasos que encuentran son el resultado de deficiencias estructurales, es natural que se vuelvan pesimistas en cuanto a sus oportunidades de éxito en el futuro. Por otra parte, la evidencia clínica demuestra que cuando un adolescente cree que tiene el potencial para lograr el éxito y que hay un gran campo para mejorar su desempeño, su punto de vista es cada vez más optimista.

Por lo tanto, es importante ayudar a que todos los niños y los adolescentes logren una valoración exacta de su potencial. Esto se relaciona de manera directa con el grado de frustración que puede anidar en un niño debido a que un padre u otra persona en autoridad utilicen métodos negativos, prejuiciosos y censurables en su educación. Si el niño o el adolescente comienza a valorarse menos y a no confiar en su potencial, con seguridad preverá resultados cada vez más negativos para sus esfuerzos.

Espere éxito, o fracaso, y es muy probable que sucederá

Por más de tres décadas, la evidencia de la investigación ha demostrado una estrecha relación entre la expectativa de un resultado y la calidad de este, sobre todo en las situaciones en que la persona que prevé participa directamente.

A principio de los años de 1960, Robert Rosenthal de la Universidad de Harvard realizó un fascinante estudio sobre las expectativas. A los participantes del experimento se les dijo que ciertas ratas aprenderían a circular con más rapidez debido a que se criaron para ser «diestras en el laberinto» y otras ratas se desempeñarían más pobremente debido a que eran «torpes en el laberinto». En efecto, las ratas «diestras» se desempeñaron a un nivel más alto que las ratas «torpes»« aun cuando todas se seleccionaron al azar de un grupo de ratas comunes. Las expectativas de los participantes influyeron de manera significativa en la marcha del aprendizaje de las ratas.

En la esfera humana, se ha mostrado con frecuencia que los pacientes de los sicoterapeutas evolucionan mejor tras la terapia si sus terapeutas creen desde el principio en la mejoría de estas personas. Mis colegas y yo llevamos a cabo una investigación que demostró formas específicas que pueden cambiar las expectativas de los terapeutas, y que cuando cambian, sus pacientes mejoran con más rapidez y éxito.

Lo que se espera tiene una gran influencia en el resultado final, cualesquiera que sean sus expectativas. Esto es cierto incluso si las expectativas dependen del comportamiento de alguien más. Parece decisivo en el matrimonio entonces, que mantenga sus expectativas lo más positivas posible, que se convierta en un optimista profundo en cuanto a todo lo relacionado a usted, su cónyuge y su vida juntos.

Es curioso, pero la investigación también demostró que el pensamiento pesimista con frecuencia lleva a las personas al fracaso. A principios de 1965, Martin E.P. Seligman, uno de los sicólogos más prominentes de Estados Unidos, llevó a cabo una investigación acerca de lo que se ha llamado *incapacidad aprendida*[1]. Esta investigación demostró que cuando los perros llegan a «convencerse» de que ningún esfuerzo de su parte cambiará su condición de incapacidad, dejan literalmente de hacer el intento y muestran todas las señales de desánimo y depresión.

Seligman continuó mejorando estos estudios con el tiempo y se convenció de que esta condición de incapacidad percibida en los humanos es precursora de la depresión. El estado depresivo da como resultado apatía generalizada y, bajo algunas condiciones, el esfuerzo por contrarrestarla es inútil. Seligman relacionó este estado de incapacidad aprendida con los humanos que tienen puntos de vista pesimistas.

Pesimismo en el matrimonio

Cuando un cónyuge es siempre pesimista, el matrimonio sin duda marcha como una bicicleta con un neumático sin aire. Si el pesimismo es una señal de que la depresión está a punto de llegar, el pesimismo profetiza problemas matrimoniales mayores. Ningún matrimonio puede ser feliz si una persona tiene depresión crónica. Siempre digo: «Un matrimonio no puede ser saludable si uno de los cónyuges no tiene salud emocional». La depresión es el principal problema de salud mental de Estados Unidos y un enemigo de todo matrimonio. La mejor época para lidiar con la depresión es antes de que el punto de vista pesimista de una persona se vuelva tan normal que a duras penas resista tratamiento de alguna clase.

No olvide lo que es el pesimismo: una tendencia «a ver y juzgar las cosas por el lado más desfavorable». Si uno vive con una persona con constante pesimismo, el matrimonio tenderá a volverse cada vez más oprimido. Uno de los dos estropeará cada idea. Y en uno de los dos, al que no le gusta que se las estropeen, aumentará cada vez más su descontento y resentimiento.

Conozco una pareja, Max y Sheila, quienes atravesaron dos décadas en las que uno de ellos fue un pesimista inquebrantable y el otro un optimista firme. Sheila era muy conservadora, casi siempre cauta y de esas personas que se niegan a casi todo. Sus frases favoritas eran: «¡Es imposible que hagamos eso!» y «¡Nunca dará resultados!». Max era emprendedor y arriesgado, cuyos esquemas y sueños se basaban con frecuencia más en la fantasía que en la realidad.

En primer lugar, ¿cómo es posible que estos polos opuestos estuvieran juntos? Esto era un caso de compensación tomado de un libro de texto, es decir, se casaron para compensar en algo sus deficiencias personales. Sheila se casó con un optimista porque quería liberarse de su punto de vista negativo al que ya estaba acostumbrada. Max se casó con una pesimista porque quería ayudarse a establecer límites en torno a su optimismo excesivo. Su optimismo irracional e ilógico con frecuencia lo guiaba a comportamientos muy riesgosos. Creía con firmeza que su conducta lo guiaría a resultados positivos. Sus pequeños fracasos en cuanto a sus metas previstas dieron como resultado grandes conflictos en su relación.

Con el tiempo, el optimismo de Max atemorizaba a Sheila, tanto que se volvió aun más pesimista y prudente. Como era de esperarse, el resentimiento de Max aumentó tanto que su esposa lo tuvo que frenar. Al final, él ya no pudo soportar más y comenzó a vivir la vida como un hombre liberado de una larga sentencia en prisión (lo que tal vez no estaba tan lejos de la realidad). El problema era que su conducta se volvió impulsiva e imprevisible. Practicó todo tipo de deportes extremos: paracaidismo libre desde aviones y desde estructuras y salto de gran altura (*bungee*). Invirtió su dinero en empresas de alto riesgo. Se involucró en relaciones comerciales extrañas.

Su matrimonio estaba a punto del colapso; Max y Sheila se dieron cuenta de que sus diferentes perspectivas desatinadas los alejaban cada vez más. Con la ayuda de un terapeuta y algunos amigos, Max y Sheila trataron de ser menos extremistas y de adquirir pensamientos más centrados: ella se preparó para pensar de manera positiva ante cualquier situación y él comenzó a pensar de una forma más práctica y realista. ¡No fue nada fácil! Estos estereotipos estaban tan enraizados que llevó varios meses de numerosos contratiempos antes de que se lograra un poco de equilibrio.

Sin embargo, después de un tiempo, Max y Sheila aprendieron a ver sus formas de ser tan adversas como algo de donde aprendieron mucho. Cuando se enfrentaban a un reto u oportunidad, se decían el uno al otro: «Ya te imaginas lo que pienso de esto, ¿pero qué piensas *tú*?». A medida que cada uno lograba apreciar mejor el punto de vista del otro, su matrimonio tuvo éxito y su actitud en la vida mejoró de manera notable.

¿Cómo volverse optimista?

Si usted o el amor de su vida desea con urgencia ser más optimista, está a la mitad del camino. El hecho más sobresaliente para aumentar el optimismo es que la decisión de lograrlo esté bajo *su* control. Si decide volverse más optimista, puede serlo. Solo necesita hacer algunos ajustes en su pensamiento, pero puede hacerlos si así lo decide.

Al fin y al cabo, el optimismo, o el pesimismo, es *su* perspectiva de la vida. Su principal función es la ubicación ante futuros sucesos de modo que tenga el máximo de oportunidades de éxito. Su definición de *éxito* se determinará a través de sus valores, y en cierto modo, a los valores que fluyen de sus experiencias de la vida. Aunque sus valores se pueden reordenar si se decide a hacerlo.

Déjeme decirle dónde comienza todo para mí. Algo vital para adoptar un punto de vista optimista en su vida es la necesidad de una gigante red de seguridad. Necesita saber que puede cometer algunos errores a lo largo del camino y no estar aniquilado por ellos. Si adopta un buen sistema de creencias, sus errores nunca harán que sea inaceptable ni indigno. Sin esta red de seguridad, puede que su ansiedad llegue a un grado tan alto que estaría siempre a la ofensiva, con recelo y con exagerada precaución, y jugaría para un reñido 0-0 en el juego de la vida.

El pesimismo refleja la convicción y la determinación para nunca fallar. A decir verdad, conozco a varias personas que nunca han fallado. ¡Han pasado por la vida sin cometer un solo error! Sin embargo, jamás han tenido éxito tampoco. Su pesimismo los protege a la perfección de los errores, pero su falta de optimismo es una barrera para lograr la vida abundante.

¿Cuál es esta red de seguridad a la que me refiero? Para mí, es un asunto espiritual. Tiene que ver con mi sentido de tener una buena relación con Dios. Considerando a Dios como Jesús hecho hombre, el carpintero judío. El mensaje de Jesús esta lleno de todas las cualidades que admiro en Dios y en los humanos: amor, perdón, valor y esperanza. Cuando estoy espiritualmente vivo en mi relación con Jesús, soy consciente de mi seguridad personal total, ahora y siempre. Sé que hay alguien que me ama, me perdona y me valora. Tengo una red de seguridad para continuar viviendo.

Por lo tanto, el optimismo saludable me lleva a ser más positivo en las acciones y las situaciones futuras. Me hace pronosticar los mejores resultados posibles, a hacer predicciones en las que se debe aportar el mejor esfuerzo. Me hace querer tener energía a fin de darla hasta agotarla. Si mis predicciones son exactas, mi vida será todo lo que puede ser. Lograré mis metas, y de igual manera importante, experimentaré la emoción de dar mi máximo esfuerzo. Y si fallo, ¡tengo una red de seguridad!

¿Qué relación tienen las redes de seguridad con el matrimonio?

Debido a que Marylyn y yo somos conscientes de que tenemos la misma red de seguridad, estamos preparados para evaluar el resultado probable de cualquier proceso matrimonial con máximo optimismo y aliento. Por ejemplo, cuando determinamos metas para el futuro, la cantidad de dinero que donamos a los menos afortunados o las amistades que cultivaremos, tomaremos juntos las decisiones que estén llenas de optimismo.

Recuerdo uno de nuestros momentos más importantes. Hace unos años, estábamos tratando de decidir si debíamos o no comprar una casa. No teníamos la seguridad de poder pagarla. En mi forma de ser tan compulsiva, hice muchos proyectos. Hice una lista con los pros y los contras. Consulté a todas las personas informadas que conocía. Estudiamos todas las consecuencias que traería comprar esta casa desde cualquier perspectiva. Después de estas indagaciones y búsquedas decidí que no compraría la casa porque la operación nos llevaría al límite de nuestra situación financiera.

Entonces Marylyn hizo una observación importante y decisiva: «Hemos obtenido más ingresos cada año hasta ahora y es probable que continuemos así. Debido a que podemos costear la casa aun si nuestros ingresos fueran los mismos, y puesto que es muy probable que tengamos más en el futuro, creo que debemos continuar y comprar la casa».

Lo hicimos, y al mirar en retrospectiva, ella tenía toda la razón. Terminamos disfrutando la casa y probando que fue una buena inversión. Una y otra vez, nos hemos beneficiado del optimismo de Marylyn. No estoy diciendo que el optimismo siempre es bueno. Con todo, he comenzado a creer que cuando se enfrenta a un problema o a una decisión, debe inclinar su pensamiento en la dirección del punto de vista del optimismo.

El propósito de la vida y el papel del optimismo

Cuando una pareja se libera de sus necesidades compulsivas de no fallar y cuando hace predicciones futuras que llevan implícitos sus mejores esfuerzos, tienen el suficiente equilibrio para experimentar la mejor calidad de vida que hay para todos los seres humanos.

Recuerde que el optimismo siempre se debe basar en una evaluación cuidadosa de lo que le exigirá su sentido común. Nunca se deje gobernar por puras fantasías ni pensamientos ansiosos. El optimismo debe ser siempre el resultado de un análisis prudente y cuidadoso.

Cuando lo logre, su matrimonio se colmará de optimismo y confianza. Si logra un equilibrio continuo entre optimismo-pesimismo, serán necesarios sus mejores esfuerzos para alcanzar su meta. No permita que nada en la vida lo aleje de sus pronósticos positivos y libres que son la base de una vida matrimonial que requiere lo mejor de usted y que lo satisface en sus niveles más intensos.

Capítulo Cinco

Fortalezca su matrimonio con momentos de inspiración

Una tarde de verano, hace varios años, Marylyn y yo vimos la película *El padre de la novia*, la cual se filmó cerca de nuestra casa en Pasadena, California. Muchos lectores ya conocen la historia. Un papá y una mamá que atraviesan por la dolorosa experiencia de ver a su «niñita» enamorarse de un analista de sistemas y prepararse para la boda. La película trata acerca del paso del tiempo, de cómo crecen los hijos y envejecen los padres, y del enorme desafío emocional que representa para los padres adaptarse a que sus hijos se conviertan en adultos, hagan valer su independencia y abandonen el nido.

Fue fácil y triste para mí identificarme con el padre de esta película, con tres hijas que ya se han ido, a quienes hemos querido desde el momento de su nacimiento, me sentí el blanco perfecto para la carga emocional de esta historia.

Steve Martin interpretó al papá en la película, y en cuanto se enteró que su hija estaba enamorada de «este otro hombre», comenzaron sus síntomas. Amenazado con la pérdida de su hija, no lograba mantener su conciencia enfocada en ella como adulta. Cuando la observaba al otro lado de la mesa en la cena o en la cancha de baloncesto, seguía viéndola como una niña de siete u ocho años de edad. Sufría, por supuesto, de su inconsciente necesidad de mantenerla pequeña: segura y para siempre «bajo la sombra de sus alas». No le gustaba que le recordaran que ella ya era adulta. Estaba obligado a considerar el problema de la carga de ansiedad y la edad por el inexorable paso del tiempo.

Observaba con intensidad mientras Martin se retorcía dentro de toda su angustia y experimenté olas de fuerte emoción, una tras otra. De repente me vino a la mente que fue solo hace poco tiempo, solo unas pocas semanas, ¿verdad?, que nuestras niñas eran pequeñas, impresionables y que felizmente jugaban con sus muñecas *Barbies*. Fue quizá hace un par de días que gritaban «¡Bravo!» como animadoras en la escuela secundaria y estoy seguro que fue apenas ayer cuando la llevábamos al colegio.

En realidad, ya no son niñas, ahora tienen sus propios hijos. «¿Cómo pasaron esos años tan rápido?», me pregunté.

La película me obligaba a reconocer de nuevo la obvia verdad: todo lo que hemos vivido junto a nuestros seres queridos está ligado al paso del tiempo. No *necesariamente* tiene que haber tristeza junto a esta realidad, sino que para hacer las paces con el tiempo, que nunca se detiene, debemos estar alertas siempre y vivir cada momento con intensidad. El único antídoto que da resultado para no desperdiciar el tiempo es experimentarlo a plenitud, mientras esté presente.

En *ese* momento, la inspiración que sentí me dio una perspectiva clara de la vital importancia de *todos* mis momentos, y de pronto sentí un golpe de nueva pasión por vivir mis momentos presentes al máximo.

Mientras me esforzaba por procesar todos esos pesados asuntos durante la película, eché un vistazo a Marylyn en su sillón, y me di cuenta de que ella también lloraba.

«¿Por qué lloras?», le pregunté.

Ella me expresó su propio sentimiento de tristeza de ver que todas nuestras hijas crecieron, y ella también se sintió motivada a aprovechar al máximo todos nuestros momentos. Luego me sorprendió con un punto de vista distinto por completo. «Estoy llorando porque tú estas llorando», dijo.

Su sentido de compañerismo conmigo está tan bien establecido que ahora experimentamos los sentimientos del otro. ¡Imagínese! Por muchas razones, aparte de que muchas veces nos inspiran las mismas situaciones, mi esposa y yo hemos desarrollado juntos un solo corazón. Nuestra unión ha creado un lazo cien veces más fuerte que la fortísima resina epoxi.

Cuando pasamos juntos por una experiencia de inspiración, nuestro matrimonio se enriquece y nos sentimos más unidos y a un nivel más profundo.

¿POR QUÉ LAS EXPERIENCIAS DE INSPIRACIÓN CREAN TANTA UNIÓN MATRIMONIAL?

Uno de los significados más importantes de la palabra «inspirar» es «respirar hacia dentro o respirar sobre». El aire que respira es crucial para seguir vivo, por lo que estar inspirado es un asunto que tiene la importancia de mantener la vida. Sin embargo, hay dos puntos que nos darán otra perspectiva.

Primero, el aire que respira es algo muy íntimo, a decir verdad se convierte en parte de uno. Circula a través del torrente sanguíneo. Aun así, la naturaleza de este aire, dónde se ha usado y para lo que se ha usado, es algo fundamental. En parte, la fuente de su «inspiración», incluso en gran medida, determinará la calidad de su experiencia.

Segundo, si lo que lo inspira se convierte en parte de su propio ser, es vital escoger con sumo cuidado la fuente de esos momentos de inspiración. Si se siente inspirado por millones de diferentes personas, ideas, sucesos o hasta sueños, los que elija para nutrir su corazón y su cerebro tendrán una gigantesca influencia en su forma de vida.

Si aplicamos estas características de la inspiración al matrimonio, nos damos cuenta de que (1) cada matrimonio necesita seleccionar su fuente de inspiración que contribuirá a la salud duradera de su vida en pareja; y (2) que esta fuente tiene un efecto más potente cuando ambos en el matrimonio la experimentan de la de la misma manera.

Cuatro de mis más inspiradores hechos

Cada día encontramos hechos de inspiración. Algunos son bastante pequeños: como ver a una madre cuidar a su hijo minusválido, escuchar una hermosa canción en la iglesia, recibir una alentadora nota de un amigo. Otros son inmensos e inolvidables, como los cuatro que quisiera comentar. El primero es sobre Martin Luther King, hijo, quien ha sido hasta este momento el predicador con más inspiración que yo haya escuchado. La primera vez que Marylyn y yo lo escuchamos en televisión fue en 1962 en Chicago en el programa *Club Dominical Matutino de Chicago*. Su elocuencia y fuerza nos dejó anonadados, casi no hablamos de otra cosa los siguientes días. El hecho de que empeñado de manera tan profunda en la «no violencia» durante un período tan violento, tuvo en nosotros un efecto de cambio de vida en nuestro concepto del cambio social.

Una de las experiencias más inspiradoras en mi vida fue su famoso discurso «Tengo un sueño», frente al Lincoln Memorial en agosto de 1963. Él pidió justicia y libertad para su gente, y para toda la gente, con una pasión de la que pocos hemos sido testigos. He visto la filmación del discurso varias veces y hasta el día de hoy, se me pone la piel de gallina cada vez que la vuelvo a ver.

Este discurso es espectacularmente conmovedor debido a su maravillosa ejecución. Me impresiona su brillante composición:

es poético, persuasivo, poderoso y arrollador para *todos* los estadounidenses. Estableció la verdad, no solo la verdad como la vio el doctor King, sino la verdad como la vio una gran mayoría de estadounidenses.

Este discurso es inspirador por su incuestionable idealismo. Enfocándose en los jóvenes, el discurso del doctor King fomentó ideales que desafió una pureza sin precedente. Sus argumentos tenían tras de sí el poder del «derecho» y omitían cualquier traza de violencia, militarismo o amenaza.

Cuando una pareja se sienta y disfruta momentos de inspiración como este que Marylyn y yo tuvimos, su matrimonio se fortalece y se apasiona. Ese es el efecto de esos momentos para las parejas. Imagine, por ejemplo, esas mil personas durante el último discurso del doctor King, gritando a una sola voz y escuchando con intensidad. Narró con valentía y poesía sus esperanzas y sueños mientras establecía sus creencias y convicciones:

> Con esta fe seremos capaces de labrar de la montaña de la desesperación una piedra de esperanza. Con esta fe seremos capaces de transformar el sonido discordante de nuestra nación en una hermosa sinfonía de hermandad. Con esta fe seremos capaces de trabajar juntos, orar juntos, luchar juntos, ir a la cárcel juntos, levantarnos juntos por la libertad, sabiendo que algún día seremos libres. Ese será el día cuando todos los hijos de Dios cantarán con un nuevo sentido: «Mi país, a ti mi dulce tierra de la libertad, a ti canto. Tierra donde murieron mis padres, tierra del orgullo de los peregrinos, de cada lado de la montaña, ¡dejemos resonar la libertad!». Y si Estados Unidos va a ser una gran nación, esto debe convertirse en realidad.

¡A eso le llamo inspirador! Cuando uno «respira» estos ideales como pareja, la vida individual y las vidas colectivas se unen para llegar a ser más ricas, plenas, profundas y satisfactorias.

Es obvio que los actos de inspiración para un individuo o pareja no necesariamente tienen que ser tan grandes y de alcance nacional. Pueden llevarse a cabo en un pequeño escenario sin tanta fanfarria.

Marylyn y yo llevábamos dos años de casados cuando decidimos mudarnos de California a Chicago para que yo pudiera hacer mi práctica profesional y graduarme de sicología. Éramos tan pobres que nuestras únicas pertenencias eran nuestros regalos de bodas. Dos días antes de salir de viaje, mi madre se dio cuenta de que no teníamos ni maletas, entonces llegó y nos dijo: «He decidido utilizar mis cupones en un par de maletas nuevas para ustedes».

Déjeme contarle por qué tal ofrecimiento representaba para mí uno de los hechos más inspiradores de mi vida. Mi madre, quien se crió en la época de la Gran Depresión, había guardado por años sus cupones verdes de «Almacén S & H». Yo nunca concedí mucha importancia a ello, pero sabía que ya tenía docenas de cupones verdes pegados en cuadernos y que había pasado horas pegándolos.

«¡No mamá!», le respondí de inmediato. «Debieras comprar algo bonito para ti con todo tu ahorro y todo el trabajo que has hecho».

A pesar de mis protestas, ella reunió los cuadernos de cupones al día siguiente y con la ayuda de mi padre llevó a cambiar sus cupones al establecimiento de canje S & H. Los cambió por dos maletas grandes marca Samsonite, una hermosa blanca para su nuera y otra preciosa negra para su hijo que partía.

¿Por qué nos inspiró tanto ese detalle? Porque el regalo de mamá fue sacrificial y puro, una clara y sincera expresión de su amor por nosotros... un amor que ninguno de nosotros dudó durante los años de su vida.

El tercer y poco común suceso inspirador les ocurrió a James y Arlene Loder. He visto a Jim solo unas pocas veces, pero no conozco a Arlene. Sin embargo, una historia de su vida nos impactó en lo más profundo.

Dirigiéndose por carretera desde Princeton, Nueva Jersey, a Quebec, Canadá, los Loder y sus dos hijas se detuvieron para ayudar a una anciana cuyo auto tenía un neumático averiado. Cuando Jim se disponía a sacar el neumático para cambiarlo, un hombre en otro auto que venía en la misma dirección se durmió manejando, se salió del camino y se estrelló en el auto que Jim estaba tratando de arreglar. Atrapado con el frente del carro de la mujer sobre el tórax. Jim estaba muy lastimado y aunque pidió auxilio, la única persona que estaba cerca para ayudarlo era su esposa.

Arlene es una mujer delgada de apenas metro y medio de estatura, pero la vida de su esposo dependía de que ella lograra sacarlo de abajo del auto. Puso sus manos sobre la defensa del auto y lo levantó con todas sus fuerzas mientras clamaba: «En el nombre de Jesucristo, en el nombre de Jesucristo...» Después, al contar lo sucedido, recuerda que cuando sus fuerzas se acababan casi pierde el conocimiento por unos segundos. Cuando estuvo consciente de nuevo se sorprendió al ver que había levantado el auto.

¿Por qué encontramos este momento inspirador? Primero, Jim Loder vivió porque Arlene dio hasta la última gota de energía que tenía, más de lo que su cuerpo podía soportar. También porque en esta experiencia, la fuerza casi sobrehumana de una mujer de poca estatura, necesitada con urgencia por el hombre que más amaba, llegó a estar sorprendentemente disponible.

Y, por último, nos conmovió porque el doctor James Loder escribió un libro titulado *The Transforming Moment* [El momento transformador], acerca del gran impacto que esta experiencia tuvo en su vida. Este catedrático del Seminario Teológico de Princeton ha ayudado a moldear vidas a través de los años y este evento casi trágico representó un papel crítico en la extensión, influencia y formulación de la perspectiva de su vida.

El último suceso que quisiera mencionar es el horrible accidente aéreo de Dakota del Sur en el que falleció el golfista Payne Stewart, cuyo funeral inspiró a miles de parejas de todo el mundo. ¿La fuente de inspiración? La historia matrimonial y familiar de Payne y Tracey Stewart.

El servicio de recordación se llevó cabo en Orlando, Florida, con un estimado de tres mil personas incluyendo a más de sesenta golfistas. La señora Tracey Stewart, quien se hizo acompañar de su hermano para darle apoyo, contó los recuerdos que tenía de Payne. El discurso del funeral lo dio J. A. Adande de *Los Ángeles Times*:

> Ella habló de lo que ganó con su presencia, no de lo que perdió con su muerte. «Siento que he sido bendecida por Dios», dijo ella. «Le agradezco a Él que me permitiera compartir los últimos dieciocho años de mi vida con Payne».
>
> Tracey Stewart contó una historia de amor, su historia de amor, simple y verdadera. Sus ojos se cruzaron por primera vez en el salón durante una fiesta en Australia.
>
> «Ni siquiera sabía su nombre», dijo Tracey. Todo lo que sabía era que era el hombre más apuesto que hubiera visto jamás. «Desde la primera vez que

salimos juntos, puedo decirles con sinceridad, que este era el hombre con quien quería compartir mi vida».

Después de agradecer a algunos amigos cercanos y a «toda la gente en todo el mundo por sus sinceras oraciones y pésames», se enfocó en su esposo.

«Por último, agradezco a Dios por Payne», dijo ella. «Compartimos risas, lágrimas, victorias y derrotas. Siempre serás mi alma gemela y mi mejor amigo. Eres la luz de mi vida y mi fortaleza. Siempre vivirás en mi corazón [...] me doy cuenta de que luego de dieciocho años de matrimonio, Payne era todavía el hombre más apuesto que jamás conociera. Ya no debido a cómo se veía por fuera, sino a cómo era por dentro. Te amamos [...] que la fiesta comience en el cielo»[1].

No estoy seguro de que exista alguna pareja en la actualidad, después de escuchar todo eso, que no se sentiría inspirada a vivir su compañerismo con la mayor atención a los sentimientos y necesidades de su cónyuge.

Paul Azinger, el golfista profesional y amigo cercano de Payne Stewart también habló en el funeral. Antes de expresarles sus sentimientos a los asistentes, «se puso una de las gorras de marca registrada de Stewart y se subió el pantalón hasta la altura de la rodilla para mostrar los calcetines de rombos a colores, imitando los famosos calcetines de Stewart. El traje de Azinger era tan inadecuado para la ocasión, que las personas de luto no pudieron dejar de responder con algo que también estaba fuera de lugar: Aplaudieron».

Después que Azinger habló acerca del lado «loco» de Stewart, habló también de su progreso como persona:

Por muchos años parecía que Payne Stewart era lo primero en su vida. Sin embargo, hace mucho tiempo que eso comenzó a cambiar. Todos vimos que su orgullo y su ocasional cinismo y sarcasmo comenzaron a cambiar. Payne empezó a parecer gracioso cuando ganaba o cuando perdía. Solo Dios puede hacer eso porque solo Él puede cambiar corazones [...] No se debería ver como una coincidencia que el resurgimiento de la carrera Stewart vino después que dejó de enfocarse solo en el golf y empezó a centrarse en su fe y su familia.

¿Qué más puedo decir sobre el poderoso efecto de los momentos de inspiración de la vida en el crecimiento de la relación matrimonial? Solo esto: cada vez que usted y el amor de su vida se sienten a escuchar la canción «América» de Ray Charles, y se abracen fuerte el uno al otro, siempre que escuchen a un gran atleta tomarse el tiempo de agradecer a sus padres y abuelos por su influencia que cambió su vida y perciban de nuevo la gran deuda con quienes se sacrificaron para que tengamos vida y oportunidades, siempre que ambos escuchen el primer llanto de un bebé o vean a dos ancianos apoyarse el uno al otro en un tiempo de necesidad, siempre que la inspiración honre sus vidas juntos, reconozcan esto como una de las poderosas formas en que Dios los une con mucha fuerza a fin de que logren sobrevivir a cada giro del destino mientras que vivan.

Lo que tienen en común los actos de inspiración

Cuando vemos todos estos actos de inspiración, ¿qué tienen en común? Lo primero que viene a mi mente es la generosidad. ¿Será que la más sublime cualidad humana es la generosidad?

Ser egoísta no es un gran problema, pero hay algo maravilloso en no ser egoísta. Tal vez la gente generosa nos inspira porque ha encontrado el secreto de satisfacer sus necesidades personales y por eso son capaces de enfocarse en las necesidades de los demás.

Otro aspecto que tienen en común los actos de inspiración se relaciona con lograr lo bueno. Eso era lo que Martin Luther King trataba de obtener. Sabía que la discriminación racial era mala por completo y necesitaba cambiar la actitud del país. Por supuesto, sabía que mover todo un sistema social a la posición «adecuada» produciría sufrimiento antes de lograr las consecuencias de lo «bueno».

A su vez, King intentó establecer las cosas buenas de la manera adecuada. En otras palabras, no quería atacar un mal con otro mal. Se negó a apoyar la violencia. Llamó la atención de miles de estadounidenses a tomarse en serio los males sociales, y preparó la opinión pública contra esos males, pero se negó de manera categórica a combatir con las mismas armas del enemigo. Nos inspiró a reconocer que somos capaces de una sabiduría mayor y de mucho más valor altruista.

La inspiración, entonces, casi siempre se relaciona con dar realce a los grandes valores. Cuando vemos que se elevan estos valores, nos animamos a hacer lo mismo en nuestro matrimonio. En este proceso nuestra vida en pareja adquiere un nuevo entusiasmo y belleza.

Una observación más en el proceso de la inspiración mutua a fin de garantizar una mejor relación matrimonial: los hechos que edifican nuestros matrimonios a menudo vienen de otros matrimonios que admiramos. Nos conmueve cuando somos testigos del tierno cuidado de una esposa con su esposo gravemente enfermo. Sacamos valor de las parejas que aúnan sus fuerzas con el propósito de sobreponerse a una tragedia familiar. Nuestros espíritus se fortalecen cuando escuchamos de un esposo que ha hecho grandes esfuerzos para que su esposa logre alcanzar una meta muy deseada por ella. Si estos otros matrimonios evidencian el crecimiento sobre la base de cualidades disponibles para todos nosotros, nos brindan tremenda inspiración.

Paul Azinger nos contó que los Stewart se unieron más como pareja y como familia solo cuando Payne puso sus prioridades en orden. Cuando Azinger dijo: «No se debería ver como una coincidencia que el resurgimiento de la carrera de Stewart vino después que dejó de enfocarse solo en el golf y empezó a centrarse en su fe y su familia», animó a muchos esposos a seguir ese ejemplo.

No pude dejar de sentirme doblemente impresionado con el siguiente párrafo del artículo de *Los Angeles Times*, sincronizado del mismo modo que todo el mensaje de este libro: «El golf es divertido así. Si trata de aplastar la pelota, la mandará al bosque, pero con un tiro suave la enviará hacia la mitad de la calle. Stewart aprendió a relajarse y dejar que las cosas vinieran hacia él».

El hecho de que los Stewart aprendieran a hacer esto es la parte más inspiradora de esta historia. El hecho de que su relación matrimonial se volviera tan extraordinaria genera incluso una mayor pasión en nosotros para seguir su indicación.

Los cuatro valores más poderosos asociados a la inspiración

Al estudiar el asunto de la inspiración he notado que hay cuatro valores que aparecen sin cesar... valores que les permiten sacar fuerzas a las parejas.

1. Perseverancia

Si estudia la vida de gente inspiradora, siempre encontrará un énfasis en nunca rendirse. Los grandes seres humanos a menudo se convierten en grandiosos debido a que se negaron a rendirse. Mi «perseverante» favorito es Winston Churchill. Le llevó tres años salir de octavo grado porque tenía problemas con la gramática inglesa. Llegó un momento en sus estudios que era el último de su clase, y su padre se dio por vencido con él. Si consideramos la gran influencia que Churchill tuvo en determinar el resultado de la Segunda Guerra Mundial, tuvimos suerte de que fuera tan perseverante.

Robert Service era un poeta que leí en mi niñez. Escribió poesía antigua en rima. Nunca he olvidado una estrofa de su poema «El desertor»:

> Es desprenderse lo que vencerá el día
> Por lo tanto, ¡no te ates, compañero!
> Despliega tu bravura; es muy fácil desertar;
> Lo difícil es mantener la frente en alto[2].

Le aseguro que en mis treinta y cinco años de consejería matrimonial he visto increíbles ejemplos de perseverancia. He visto matrimonios que había desahuciado, levantarse de entre los muertos con energía y nueva vida. Por otro lado, también he sido testigo de muchos otros que se han dado por vencidos con su matrimonio antes de tiempo. Un poco más de tenacidad habrían cambiado las cosas.

2. Valor

Por lo general, el valor nace del profundo compromiso con alguien o algo. Por ejemplo, si se tratara de nuestras tres hijas, con gusto arriesgaría mi vida por la posibilidad de salvar las suyas. Lo mismo es cierto para mi esposa. Si viera venir un vehículo a alta velocidad en su dirección, me lanzaría sobre ella para alejarla del peligro, incluso si eso significara que me atropellara.

Cuando se habla del matrimonio, he visto que el valor representa un papel importante para muchos cónyuges. Muchas parejas con las que he trabajado durante el transcurso de los años han defendido con valor su matrimonio cuando algún motivo o alguna persona buscaba separarlos. A veces alguno de los padres busca crear cizaña entre el esposo y la esposa. Otras veces un adolescente problemático puede hacer que los esposos se vuelvan el uno contra el otro y se transformen en oponentes en lugar de aliados. En ocasiones una debilitante enfermedad amenaza la estabilidad de un matrimonio. Las parejas en esas situaciones necesitan una reserva de valor a fin de que logren permanecer firme contra cualquier cosa que pudiera minar su relación.

3. Generosidad

He visto matrimonios inspirarse debido a la generosidad de uno de los dos, o debido a que los cónyuges fueron testigos de la generosidad sacrificial de otra persona.

En cuanto a mí, a menudo me conmuevo por la generosidad de madres a quienes he visto darse por completo a sus hijos y esposos, muchas veces a costa de ellas mismas. Su generosidad pareciera derivarse de su profundo amor hacia su familia. Qué inspirador es esto para mí a fin de dar sin medida a esos que amo.

4. Idealismo

Hay algo muy profundo dentro de la mayoría de los seres humanos que nos inspira a alcanzar nuestros ideales. Ansiamos ser lo mejor posible, aun cuando nadie sepa lo mucho que lo intentemos en un momento determinado. Y también nos agrada ver que otros alcanzan sus más altos ideales. Queremos creer que como del género humano, todas las personas son capaces de ser nobles, generosos, justos y sinceros.

A veces la búsqueda de un ideal se da en grande, a la vista pública, como la arena olímpica, el campo de batalla, el tribunal. Sin embargo, los mejores lugares que he encontrado para mirar el idealismo son en las pequeñas etapas de la vida, los lugares en los que nadie sabe que lo observan y, sin duda, estudian. Por ejemplo, los elevadores son un buen lugar para observar la generosidad. ¿Quién está dispuesto a ayudar a un pasajero que viene con las manos ocupadas? ¿Quién tiene la paciencia para esperar a una pareja de ancianos cuando toman el elevador con dificultad y luego se tardan mientras tratan de recordar a qué piso iban? ¿Con qué entusiasmo se trata a una atormentada madre acompañada de tres niños traviesos?

Cuando salgo con Marylyn, me gusta poner atención y buscar ejemplos de comportamiento idealista: alguien amable, que ofrece su ayuda y se esfuerza para dar con generosidad. Y trato de conversar con esas personas. Les doy las gracias y los elogio bien; les escribo cartas a sus superiores y me detengo para expresarles mi agradecimiento.

Cuando vemos a alguien tratando de hacer lo bueno, tratando de ser lo mejor posible, nos vemos el uno al otro con una expresión de complicidad. Comunicamos: «¡Debiéramos hacer lo mismo! el uno con el otro, con nuestra familia, con gente extraña, debiéramos procurar ser siempre los mejores». Cuando nos enfocamos de manera consciente en el idealismo de otros, nos animamos a buscar ese idealismo en nuestro matrimonio.

La última palabra sobre el papel de la inspiración en el fortalecimiento del matrimonio

Hay muchas formas de fortalecer una relación conyugal, algunas son más eficaces que otras. Una de las formas comprobadas para lograr la unión matrimonial en una pareja es que tengan una experiencia mutua que eleven sus espíritus. Esto pocas veces ocurre cuando ambos participan en un foco poco sano de problemas, escaseces y desafíos.

Todas las parejas del mundo merecen tener el apoyo de personas modelos de bondad que demuestran los altos ideales de los que hemos estado hablando. El objetivo es que la pareja se sature de esos nobles valores que puedan caracterizar su relación, que la generosidad, la sensibilidad y la amabilidad permanezcan para siempre en sus vidas.

En el Nuevo Testamento, el apóstol Pablo tiene unas palabras para las parejas al final de su carta a los Filipenses:

> Consideren bien todo lo verdadero, todo lo respetable, todo lo justo, todo lo puro, todo lo amable, todo lo digno de admiración, en fin, todo lo que sea excelente o merezca elogio. Pongan en práctica lo que de mí han aprendido, recibido y oído, y lo que han visto en mí, y el Dios de paz estará con ustedes. (Filipenses 4:8–9)

No hay duda en cuanto a esto: cuando los matrimonios buscan personas y hechos de inspiración, se fortalecen. Con todo, cuando se obsesionan con los problemas, se separan.

Yo decido seguir pensando en el valor de Martin Luther King, hijo, en el sencillo y desinteresado amor de mi madre, en la insólita fuerza de una diminuta persona como Arlene Loder cuando la vida de su esposo corría peligro, y en la bella relación matrimonial de Payne y Tracey Stewart.

Mi experiencia clínica me llena de esta segura confianza: los cónyuges que experimentan hechos de inspiración juntos y con regularidad, tendrán un matrimonio inspirador que crecerá cada vez más en belleza y amor.

Capítulo Seis

Acentúe su matrimonio con abundante afecto y contacto físico

Kevin y Margie viven en un pueblecito de Ohio y fueron a uno de mis seminarios sobre matrimonio en Daytona. Al finalizar mi plática sobre la relación sexual en el matrimonio, Margie se acercó a mí para pedirme que le autografiara uno de mis libros. Debido a que hablé sin pelos en la lengua y con franqueza sobre la sexualidad, a las personas no les importa hablarme así también. Margie me contó una historia fascinante sobre la importancia del «contacto físico» en su matrimonio.

«A Kevin y a mí nos agrada mucho tener contacto físico y aprovechamos cada oportunidad para acercarnos el uno al otro», comentó Margie.

Por un momento pensé que de seguro escucharía una historia dramática y sexual de otra pareja estadounidense más que tiene relaciones sexuales todos los días desde que se casaron hace veinte años. De vez en cuando me cuentan historias de este tipo, pero ese no era el caso de Margie y Kevin.

«Nosotros nos acercamos a menudo durante la noche y nos abrazamos al despertar en la mañana», comentó Margie. «Tropezamos a propósito el uno con el otro cuando vamos a ducharnos o a vestirnos, y nos paramos muy cerca cuando comemos un bocado a la carrera y tomamos café. Nos abrazamos antes de salir para el trabajo y también nos abrazamos por un momento cuando regresamos a casa. Nos hacemos un ligero masaje en los hombros mientras preparamos la cena y nos sentamos juntos en un sofá mientras vemos nuestro programa favorito de televisión».

Entonces lo resumió diciendo: «Kevin y yo hemos descubierto que tanto contacto físico nos ayuda a unirnos emocionalmente, así que lo hacemos con la frecuencia que nos es posible».

Terminé de firmar su libro y después le hice una pregunta que se me ocurrió de repente: «No quisiera ser entrometido, ¿pero todo este contacto físico es en lugar de la relación sexual o es que la tienen también?».

Margie me miró un poco sorprendida por mi franqueza, pero sonrió y dijo: «Ah, tenemos buenas relaciones sexuales, pero estas son solo una parte de todo el contacto físico que mantenemos».

Recuerdo muy bien la historia de esta mujer porque sucedió exactamente una semana antes de que escuchara otra muy diferente. Una pareja de más o menos cincuenta años, quienes tenían veintitrés años de casados, vino a mi oficina en busca de consejería, y cuando llegaron, no pude dejar de observar que dejaron un espacio de más o menos un metro al sentarse con rigidez en mi sofá (¡los psicólogos notamos esas cosas!).

Antes de preguntarles el motivo que los llevó a mi consultorio, la mujer anunció con un tono de voz muy frío: «Nuestro matrimonio nunca ha sido lo que se podría llamar afectuoso. Sin embargo, ahora Roger a duras penas me toca. ¡A duras penas! Es como que si tuviera alguna enfermedad en la piel y él pensara que se la voy a transmitir». Entonces se recostó en el respaldo del sofá y dijo en un tono de complicidad: «Tenemos, usted sabe, relaciones sexuales, tal vez una o dos veces al mes, pero solo para beneficio de Roger, por supuesto... ¿me comprende? El hombre es témpano de hielo, doctor Warren. ¡Un témpano de hielo!».

El pobre Roger estaba hundido un poco más en los cojines del sofá y parecía que fuera a enfermarse. Le pregunte cuál era su punto de vista de la situación. Suspiró profundo y dijo: «Es cierta... la parte de que no he sido muy afectuoso. No soy un hombre muy dado a acariciar. Trato, en realidad lo hago, pero solo que no es parte de mi naturaleza. No obstante, ella...», dijo y apuntó con el dedo en dirección a su esposa, «ella no facilita las cosas. Siempre critica mis intentos de afecto y me dice nombres burlones: "témpano de hielo", "estirado", "frío"».

Así pasaron los siguientes quince minutos mientras me explicaban cómo su matrimonio poco a poco se había vuelto apático y sin vida, y cómo su insatisfacción matrimonial había crecido por la falta de cantidad y calidad de contacto físico.

Ah, sí, ¡qué determinante es el contacto físico, o la falta de este, en un matrimonio! Sin duda, Roger y su esposa tenían problemas que no podían resolver con más abrazos y más besos. Aun así, un poco más de ternura hubiera creado un ambiente en el cual habrían sido capaces de mejorar sus problemas. Lo que le dije a esta pareja, que no tuve que decirle a Margie y a Kevin, fue que el contacto físico crea un ambiente de calidez y cercanía. De todas las habilidades que pueden ayudar a una relación, esta es una de las más fáciles de aprender.

¿Cómo están usted y su pareja? ¿Se consideran exagerada, moderada o apenas cariñosos el uno con el otro? ¿Se abrazan con frecuencia, se toman de las manos, se besan, caminan abrazados? ¿Se mantienen muy cerca o rara vez se acercan? Para todo matrimonio, el contacto físico es como la «reserva» de la energía de la relación y de la intimidad. La clave es maximizar este recurso.

La recompensa del abundante afecto físico

Una pareja de casados que disfruta el contacto físico mutuo encuentra muchas formas para comunicar su amor cada día. El contacto físico es un maravilloso canal para la comunicación profunda y verdadera. Algunas parejas consideran que se pueden transmitir más mensajes y sentimientos físicamente que de manera verbal. Y si aprenden a descifrar los mensajes físicos, pueden sostener largas conversaciones sin decir una sola palabra.

No hay nada de malo en la comunicación sexual, pero es mucho más complejo, y requiere elaboradas preparaciones para asegurar que ambas personas estén preparadas para esto. Las buenas relaciones sexuales pueden fusionar dos amantes a un nivel más profundo del alma, y esto puede llevarlos directo a la presencia de Dios. Sin embargo, debido a la misma naturaleza de su complejidad, las buenas relaciones sexuales para la mayoría de las parejas no ocurren todos los días... y quizá ni una vez a la semana o al mes.

El contacto físico está mucho más disponible y accesible. Quizá usted no sea capaz de enviar los poderosos y resonantes mensajes del alma con la relación sexual, pero puede enviar mucho más de ellos en una fracción del valor del estrés emocional. Y muy bien puede que la frecuencia del contacto haga más intensa la relación sexual.

La abundancia de afecto físico da más roce al matrimonio de dos modos. Primero, le quita peso de encima a su vida sexual. Es decir, muchas parejas se imponen mucha presión a fin de tener éxtasis sexual cada vez que se meten entre las sábanas. Cuando su vida sexual se convierte un poco apática y poco excitante, se preguntan qué les está pasando. No obstante, cuando ve la relación sexual como una parte de todo su contacto físico, su obligación es menos pesada en este aspecto.

Segundo, la abundancia de contacto físico también aumenta las oportunidades para mejorar la relación sexual. El contacto fomenta la cercanía, y sin esta de seguro que la relación será insatisfactoria. Siempre me sorprende cuando las parejas no saben por qué su vida sexual ya no es gratificante, aun cuando rara vez se tocan excepto en la relación sexual. Las caricias, los abrazos y tomarse de las manos son excelentes formas de motivación sexual. Esto no quiere decir que todo contacto físico lleve a la relación sexual, pero el toque afectuoso enriquece el ánimo para hacer el amor.

Es obvio que la sexualidad es una parte importante de la relación amorosa de cualquier pareja de casados. Aun así, mucho más puede serlo el afecto y el contacto físico que la relación sexual, y la recompensa es grande si se busca que cualquier forma de afecto y contacto físico sea frecuente y forme una parte importante en sus vidas. Siempre animo a las parejas a volverse expertos en su relación «física» y les aseguro que este es un aspecto mucho mayor y fácil de dominar que la relación sexual. Y es enorme el potencial de diversión y crecimiento de la relación.

El contacto físico transmite un mensaje muy poderoso

Cuando alguien lo toca en una forma tibia y afectuosa, da por sentado que le agrada a esta persona y que quiere estar cerca de usted. Supongo que es parte de la naturaleza humana que no disfrutemos tener contacto físico con las personas que no nos agradan; usted no querrá estar cerca de alguien que considera ofensivo o distante. Sin embargo, cuando en realidad le agrada alguien, pone su brazo a su alrededor y sostiene su mano más tiempo al saludarle o le pone la mano en el hombro con suavidad. Esto es una forma automática de decir: «Me agradas, estoy contento de estar contigo, disfruto de tu presencia y me siento cerca de ti».

Algunas personas pueden profundizar su relación por medio de las palabras que dicen y la conversación que entablan. Sin embargo, las palabras son más difíciles para otras personas y el contacto físico les es más natural y significativo para ellas. Y el contacto físico adecuado es increíblemente poderoso para transmitir sentimientos profundos y significativos. Hay algo en el roce de la piel que es íntimo y capaz de comunicar mensajes a un nivel casi inconsciente.

Considere el poder de un simple apretón de manos. Es raro el caso cuando se conoce a alguien o se encuentra a un amigo sin estrecharle la mano. Es casi como decirle a la persona que es un gusto verle, que uno tiene buenas intenciones y que el toque de la piel evalúa su nivel de sinceridad.

Muchos mensajes importantes se transmiten cuando su piel está en contacto con la piel de otra persona. Solo la temperatura corporal lleva uno o más mensajes, y lo seco o húmedo de la piel transmite otros mensajes. Además, el apropiado apretón de manos: demasiado firme, demasiado suave o perfecto, indicaría el nivel de seguridad y apacibilidad interpersonal.

Cuando se trata del contacto en el matrimonio, el cónyuge puede comunicar mensajes de innumerables formas. Piense en el acto de besar. Cuando los labios de uno tocan los del otro, se estimulan una gran cantidad de terminaciones nerviosas. Todos los sentimientos de una persona se comparten con la otra. Y cuando las lenguas participan, hay muchas más terminaciones nerviosas que se alistan para captar el contenido del mensaje.

Marylyn siempre comenta lo mucho que le agrada cuando le doy masajes en sus hombros. Considera que esto es un sacrificio para mí. El hecho es que me gusta frotarles sus hombros. Cuando ella me dice cuánto lo disfruta, me motiva a frotárselos más tiempo y con más habilidad. Esta es una forma en la cual puedo tocarla de modo que comprenda mejor lo profundo de mi amor por ella.

El contacto físico estimula la conversación

Tengo dos experiencias muy buenas que me ayudaron a darme cuenta del poder del contacto físico, ambas sucedieron hace años cuando vivíamos en Chicago. La primera fue cuando nuestras tres hijas eran pequeñas. Marylyn y yo notamos que la hora de llevar a las niñas a dormir era el momento de mayor enseñanza del día, así que empezamos a dar especial énfasis a esto. Nos sentábamos al lado de la cama de cada una de ellas cada noche, lo cual pronto se convirtió en un significativo ritual.

La hora de llevar a las niñas a dormir siempre incluía un vaso de agua o leche, y les cantábamos toda clase de canciones, sobre todo las que habían aprendido en la Escuela Dominical. Y orábamos con ellas... oraciones de rutina al principio, que luego, cuando crecieron, fueron cada vez más espontáneas y personales.

Sin embargo, la parte del proceso que más llamaba mi atención era nuestras conversaciones con ellas. Me gustaría decir que mis estudios de sicología me llevaron a esta técnica de comunicación profunda, pero sucedió de casualidad. Cuando me sentaba en la cama de mis hijas, les preguntaba en voz baja: «¿Quieres que te frote las espaldas y los hombros?». Sin decir palabra, se acostaban boca abajo como un claro gesto de que eso era lo que querían. Al principio, les dábamos masajes cortos, el tipo de masajes que Marylyn y yo nos dábamos el uno al otro, pero luego se hizo la luz. Mientras más masajes les dábamos en las espaldas, más relajadas se sentían, más se comunicaban con nosotros. Mientras que les frotábamos sus cuellos y espaldas, nos hablaban de sus pensamientos, sentimientos y sueños. Los masajes de espalda se convirtieron en la parte más importante de llevarlas a la cama.

Puesto que hasta el día de hoy nuestra relación con cada una de las «niñas», ahora mujeres adultas, sigue siendo cercana e importante, le doy mucho crédito a esas conversaciones a la hora de dormir que solíamos tener con ellas.

Desde luego, este principio es cierto tanto para el matrimonio como para la crianza de los hijos. Recuerde algunas de las buenas conversaciones que usted y su pareja tuvieron hace poco. Es probable que haya habido contacto físico. Tal vez estaban sentados juntos en el sofá, acurrucados frente a la chimenea, tomados de las manos mientras caminaban por el parque o haciendo un masaje en la espalda antes de dormir. Si no recuerda ninguna buena conversación, use este principio como un experimento: la próxima vez que usted y su amor estén conversando, acérquense, tómense de las manos o frótense los hombros, y observe si su conversación no es un poco más franca, fluye con soltura y es sustanciosa.

LA COMUNICACIÓN A NIVEL DEL ALMA OCURRE MÁS A MENUDO A TRAVÉS DEL CONTACTO FÍSICO

La segunda lección importante que aprendí sobre el contacto físico fue cuando Marylyn y yo fuimos a una iglesia donde los asistentes, entre veinte y treinta hombres y mujeres, no podían hablar ni escuchar. Todos los cultos se les traducían a través del lenguaje por señas. Al principio luchábamos por aclararles nuestros propósitos y comprender los suyos. Aun así, al pasar el tiempo, llegamos a entendernos bien con muchos de ellos. Y aun cuando no había expresiones verbales, aprendimos a interpretar, y después a enviar, nuestros pensamientos y sentimientos los unos a los otros de otras maneras. El contacto físico fue la mejor de estas maneras.

Estas personas, sordomudas, eran expertas en darnos a entender lo mucho que les importábamos. Era como si sus almas estuvieran conectadas directamente a sus manos y a sus cuerpos. Cuando nos tocaban, de algún modo transmitían un mensaje que era claro como el cristal tanto en intensidad como especificidad. Era como que si hubiesen aprendido a manifestar sus almas el uno al otro, y luego con nosotros, de una manera que pocas personas que escuchan y hablan han aprendido.

Después de esa experiencia de seis años, comenzó para nosotros una nueva apreciación del poderoso papel del contacto físico en el matrimonio. Empezamos a creer que muchos de nuestros más profundos pensamientos y sentimientos del uno hacia el otro no podían comunicarse mediante simples palabras y sonidos. Necesitaban un lenguaje más poderoso. Necesitaban el lenguaje del contacto físico.

Es por eso que la sexualidad ocupa un lugar tan significativo en la transmisión del amor. Sin palabras, la sexualidad que está presente al hacer el amor puede dar a entender un mensaje tan profundo y poderoso que une las almas. Estoy convencido de que el pleno disfrute del amor en el matrimonio requiere el perfeccionamiento del arte del contacto físico.

Cuando en realidad se ama a alguien, no es tan fácil decirlo en una forma que exprese de manera tan profunda nuestros sentimientos. Las palabras son vitales, pero casi nunca son suficientes. Estos hondos sentimientos del alma requieren del calor de una mejilla tocando a otra, de unos labios que tocan a otros, de un cuerpo abrazando a otro, de unas manos tomando otras, todo tipo de contacto tan frecuente como sea posible. Esta es la única forma de demostrarse fidelidad y amor eterno el uno al otro.

Romance, expresión física y sexualidad

Me refiero al hecho de que el contacto físico, el romance y la satisfacción sexual están interconectados. La cantidad de afecto, ternura y caricias promueven el romance y este a su vez a las buenas relaciones sexuales. El contacto físico y otras expresiones de afecto demuestran a su pareja sus profundos sentimientos de amor, cariño y fidelidad. Cuando las almas de dos personas que se aman están llenas de generosidad y sentimientos de entrega, y cuando han logrado transmitir estos sentimientos positivos el uno al otro, están preparados para la más sublime forma de contacto humano y vínculo matrimonial.

La sexualidad conyugal entre dos personas cuyas vidas están entrelazadas es la forma más íntima de comunicación de amor. Les permite expresar lo más profundo de sus almas. Y cuando se alcanza esta máxima forma de contacto en su relación, hay una clara indicación de que han logrado atravesar con éxito las etapas preliminares que implica la comunicación física de su amor.

La verdad de que las buenas relaciones sexuales depende de la conexión de almas entre la pareja no se debe enfatizar demasiado. Para que el contacto sexual dé buenos resultados, hace falta armonía del alma y el cuerpo.

Vi a una mujer en terapia llamada Mónica, quien se quejaba de que ella y su esposo estaban fuera por completo de sincronización en su vida sexual.

—Brad se queja de que estoy desconectada sexualmente —comentó Mónica en voz baja—, y creo que tiene razón. Me interesaban mucho las relaciones sexuales al principio de nuestro matrimonio. Sin embargo, según mi punto de vista, Brad me envía mensajes mixtos.

Hubo un largo silencio, esperé a que Mónica ordenara sus pensamientos. Después de unos minutos dijo:

—No estoy convencida de que me ame de verdad, de que esté conectado conmigo a los niveles más profundos, y hasta que no esté segura de esto, no me sentiré confiada con él sexualmente.

—Pues bien, ¿alguna vez usted y Brad tuvieron una buena relación sexual, una en la que se sintieran en armonía el uno con el otro y que satisficieran sus necesidades más profundas?

—Al principio sí —dijo Mónica—. Brad solía pasar mucho tiempo conmigo y me contaba lo que sentía. Me abrazaba durante horas, desplegando sus sueños sobre nuestro futuro juntos, me mostraba su total fidelidad y compromiso hacia mí. Me sentía de maravillas con él.

—¿Qué pasó que interrumpió esta maravillosa interrelación y unión?

Lo pensó por un momento y luego dijo:

—Estábamos trabajando, y a medida que teníamos más éxito en nuestros empleos, invertíamos menos tiempo y energía en el otro. De cierto modo, nos separamos. Con el paso del tiempo, me he dado cuenta que cada vez conozco menos a Brad.

—¿Conque por eso comenzó a deteriorarse su vida sexual?

—Yo no usaría la palabra *deteriorarse* —dijo Mónica alzando la vista hacia mí—. Fue peor que eso... fuera más bien que nuestra vida sexual terminara.

En mi práctica, he escuchado cientos de veces historias similares. Todo esto tiene que ver con la necesidad de la mujer de sentirse segura con respecto al hombre, de experimentarlo de una manera profunda en amor y que se conecte con ella, de comprender que cada fibra de su ser está comprometida a ella para toda la vida. Cuando ella comienza a perder el contacto con el mundo interno de él, su sensación de seguridad se evapora con rapidez. La participación sexual hace que se sienta vulnerable, y ella no quiere sentirse así con alguien que siente que es al menos un poco indiferente o esquivo con ella. La sexualidad aumenta los sentimientos más fuertes de la mujer: vulnerabilidad o seguridad, lejanía o cercanía.

Mónica estaba sumida en su experiencia de vulnerabilidad.

—Puedo sentir el dolor y la frustración que tienes por la falta de intimidad sexual —le dije—, pero creo que tu problema en esta esfera es un síntoma de un problema mayor. A tu relación con Brad le falta cercanía y afecto. Por lo tanto, ¿cómo esperar que en el lecho nupcial vayas a experimentar dicha? La buena noticia es que sospecho que cuando tú y Brad se conecten de nuevo, cuando enciendan una vez más la llama del amor, la mayoría de sus problemas sexuales se resolverán solos.

Un sentido de compromiso es clave para la satisfacción sexual de la mujer

Puesto que la mujer es la que da a luz los hijos, y debido a que tener hijos es una parte tan compleja y agotadora de su vida, de manera consciente o inconsciente se siente motivada a asegurarse de que su relación sexual está fundada sobre un amor duradero. De lo contrario, su sensación de riesgo la abrumará; en algún nivel de su ser reconocerá la enorme responsabilidad de criar sola los hijos.

Si la mujer cree que los más básicos sentimientos y pensamientos del hombre no indican que su relación será fuerte y duradera, en la parte sexual se pone a la defensiva y protectora. Me doy cuenta que muchas mujeres interpretan mal los verdaderos sentimientos e intenciones de los hombres o se engañan por falsas promesas. Sin embargo, el hecho permanece: la mujer por instinto solo quiere entregar su cuerpo al hombre en el que confía que estará siempre con ella.

A fin de enfrentarse con eficiencia a su vulnerabilidad, la mujer puede pedirle a su cónyuge que tengan más comunicación. Quiere que su esposo le cuente lo que está pasando dentro de su relación de amor, sobre todo cuando esos pensamientos y sentimientos se relacionan a su compañerismo mutuo. La mujer sabe a nivel básico que la relación sexual debería ser tan fuerte como el compromiso de amor.

A veces el hombre tiene un profundo y tierno compromiso hacia su esposa, pero se lo demuestra de una forma inadecuada por completo. Cuando uno lo profundiza bien, la participación plena de la mujer en la relación sexual a menudo depende del grado en que el hombre la ha persuadido de su amor y entrega duradera.

Tal vez sea más cierto para la mujer que para el hombre, pero dentro del matrimonio, una buena relación sexual requiere de una relación romántica eficaz. El romance *es la expresión física de los sentimientos emotivos*. En cualquier relación marital, la excelencia del funcionamiento sexual dependerá de los más profundos pensamientos y sentimientos de cada persona *y* el éxito de la comunicación de esos pensamientos y sentimientos para la pareja. Sin esta base emocional, la sexualidad pierde su significado y gozo.

El papel del hombre en la relación sexual es crucial

Mis antiguos socios en la práctica de la sicoterapia, los doctores Clifford y Joyce Penner escribieron un maravilloso libro para hombres acerca de su papel único en la sexualidad conyugal. El libro se titula *El hombre y la sexualidad*, y los Penner han detallado de manera específica las formas en que los hombres pueden satisfacer sus necesidades al aumentar la probabilidad de satisfacer las necesidades de sus esposas[1].

En medio de las diez recomendaciones de los Penner se encuentra esta idea: «El factor vital para lograr una maravillosa relación sexual en el matrimonio gira en torno al papel que representa el hombre». Los Penner han descubierto que los patrones sexuales en el matrimonio empiezan a cambiar de manera notable al cambiar el comportamiento del hombre, aun cuando la mujer quizá obstaculice la relación sexual vital.

Para mejorar la sexualidad conyugal, el hombre debería encaminarse a satisfacer las necesidades de la mujer. Si el hombre se interesa en conocer tantas necesidades espirituales y emocionales de su esposa como le sea posible, esto lo llevará a un comportamiento más eficiente de su parte.

Es necesario que el hombre reconozca las virtudes de la mujer y que sea sensible a su dirección. En cuanto a esto, los Penner animan de manera contundente a los hombres a progresar poco a poco. La escena que mejor representa esto es la de un hombre y una mujer conduciendo bicicletas separadas por un camino en pendiente. La mujer es hasta cierto punto la líder, y el hombre va con la rueda delantera apenas detrás de la rueda delantera de ella. Él no va muy atrás, pero le permite a ella que tome el liderazgo.

El hombre necesita ser flexible en su participación sexual, sin fijar una agenda de cómo se supone que se deben hacer las cosas. Es posible que el hombre trate de anotar la respuesta y luego seguirla. Esto casi nunca resulta porque los deseos sexuales, las necesidades y las respuestas de la mujer no se pueden prever de un momento al siguiente.

Durante el curso de mi carrera, me he convencido de que un hombre no puede estar seguro del éxito de la relación sexual en el matrimonio hasta saber que satisfizo las necesidades más importantes de su esposa. Casi todos los hombres que he conocido en la sicoterapia me dicen lo mismo: no pueden sentirse satisfechos en la relación sexual a menos que sepan que lograron satisfacer a su esposa.

En cada experiencia sexual, la satisfacción mutua es lo que esperan el esposo y la esposa. La mujer debe ser capaz de permitir un orgasmo si así lo quiere, pero el requerimiento fundamental para la satisfacción mutua es un profundo sentido de cercanía y afecto interpersonal.

Es obvio que todo esto se comunica de forma maravillosa mediante los diversos mecanismos físicos del contacto. Cuando el hombre y la mujer aprenden a acariciarse el uno al otro con delicadeza y amabilidad, gran parte de su relación llega a ser positiva.

El amor y la sexualidad en una genial relación matrimonial

Al principio de esta semana, hablaba con una pareja que me contó acerca de su decadente relación.

—Todo empezó cuando Bart y yo fuimos a la casa de sus padres en Carolina del Norte —dijo Jessica—. Fue hace dos años, solo unos meses después de casarnos, que me di cuenta de que Bart no se sentía a gusto con su amor por mí cuando sus padres estaban cerca. Se volvía como un extraño. Estuvimos allí dos semanas, y al final de ese tiempo, lo sentí distante.

—¡Siempre traes eso a colación! —alegó Bart con fuego en sus ojos—. ¿Vas a olvidarte de eso algún día? Me enferma que repitas siempre lo que no hago por ti, lo vacía y lo sola que te sientes cuando no estoy a tu lado. Bueno, dejemos algo claro. Yo tampoco siento que me amas. No te siento cerca de mí. Y si esto no mejora pronto, no veo el porqué deba quedarme.

—Ah, ¿sí?, cuando te vayas, ¡llévate tu perro! —le respondió Jessica a Bart, subiéndole el tono de voz.

Entonces me dijo:

—Doctor Warren, ama a su perro golden retriever mucho más que a mí. Sin duda, es el doble de cariñoso con él de lo que es conmigo...

—¡Tal vez porque *él* es sensible a mi afecto! —gritó Bart.

¡Huy! Le puse un rápido pare a su conducta poco educada. Por no decir otra cosa peor, las críticas y los comentarios mordaces no hacen nada para restaurar una relación dañada.

¿Cómo pueden dos personas, que es obvio que vieron algo atractivo entre ellos solo unos años antes, alejarse tanto y tan rápido? Después de dos años de matrimonio, se quejaban de que habían perdido contacto, tanto en forma literal como metafórica. Sabía por dónde debía empezar, sabía por dónde tenía que ir. Empezaríamos con una retrospección de ambos, de sus sentimientos internos del uno por el otro. Y regresaría hasta donde esos sentimientos se volvían cálidos y satisfactorios de nuevo.

Cuando vuelvan sus sentimientos mutuos, el reto fundamental será ayudarlos a que aprendan a transmitir sus sentimientos internos de manera más eficiente de como lo hacían dos años y medio atrás. Este es el curso terapéutico por el que he guiado a miles de parejas. Empiece por su interior, obtengan todo lo que ha dado buenos resultados, y entonces estará preparado para disfrutar de manera profunda con su esposa.

El contacto físico es una magnífica forma de comunicar los sentimientos internos de amor. Sin estos sentimientos de amor, el contacto se vuelve superficial y sin sentido. Cuando los sentimientos de amor empiecen a regresar, es tiempo de enfocarse en las caricias y los abrazos. No hay mejor forma de transmitir compromiso y cariño.

Si usted y su cónyuge tienen sentimientos de afecto y entrega el uno por el otro, comuníquenselos en todo momento, abrazándose, tomándose de las manos, frotándose las espaldas y acariciándose el rostro con ternura y suavidad.

El contacto físico puede ser un poderoso canal de comunicación matrimonial. Al acariciarse el uno al otro, expresarán el amor que no tiene fin y su eterna entrega.

Capítulo Siete

Deje que su matrimonio se eleve en las alas de la espiritualidad

Imagine que usted y el amor de su vida yacen sobre una extensa playa de arena blanca en Hawai. Hasta donde sus ojos alcanzan a ver en cualquier dirección, son los únicos seres humanos en esta playa. El sol calienta su piel, pero no la quema. La brisa los mantiene frescos, pero no tanto. El aroma del aire salado les recuerda el inmenso océano que se extiende ante ustedes. Está tomando el sol en la blanca playa de Hawai con la persona que más ama, y de repente piensa en la calidad de su bronceado, el grandioso buceo que le espera y el *luau* (comida hawaiana) de esa noche. Grandiosos pensamientos invaden su cerebro.

—¡Observa el cielo! —le dice a su pareja—. Pensar cuán vasto es, pensar qué hay allí, inquieta la mente.

Luego, los dos se detienen por noventa segundos para fijar su mirada en el pálido espacio celeste.

—A duras penas concibo la idea de que pudiéramos lanzar un cohete a los cielos y que avanzará para siempre sin tocar ningún límite en el espacio exterior.

Su esposa se une de inmediato a la conversación debido a que la estimuló a pensar de una manera profunda.

—Sé lo que quieres decir —dice ella, mirando todavía con fijeza los cielos—. Dicen que existe un valor muy ilimitado en la *pequeñez* de las cosas. Mi amiga Jeri me contaba el otro día acerca de su investigación en Cal Tech. Así como no hay evidencia de que existen límites en la inmensidad del espacio celestial, tampoco lo hay en la pequeñez del espacio microscópico.

Usted reflexiona sobre eso por un momento y luego dice:

—El otro día leí en *Newsweek* que cada vez más científicos están comenzando a creer que el Creador tiene que estar detrás de todo esto. *Newsweek* citó los nuevos descubrimientos acerca de la complejidad del orden de lo creado como una muestra de que no pudo surgir sin la dirección y la planificación, sin que alguien le *diera* vida.

—Lo sé —dice su esposa—, y la idea de que existe una *persona* detrás de todo esto que estableció las leyes y los principios que no solo rigen el espacio exterior, sino lo que sucede en nuestra vida... esa idea es muy significativa para mí.

—Es inconcebible pensar que alguien pueda argumentar que no existe la dimensión espiritual —le dice a ella—. A medida que experimento y soy testigo de los descubrimientos de la ciencia, más pienso que la fe de mi infancia era acertada.

—¿Crees de verdad en un Dios que tiene cierto interés personal en ti? —le pregunta su esposa con una voz suave.

Es obvio que esta es la pregunta más importante que le han hecho desde hace mucho tiempo, y usted se toma su tiempo para responder. Al final, se escucha decir:

—Tengo que contarte que en los últimos tiempos he estado practicando mi fe con mayor frecuencia. No te he dicho nada acerca de eso, pero he estado orando todos los días, orando para comprender y penetrar en estos asuntos indescifrables. Cuando estoy en la oficina, también he estado leyendo un poco la Biblia.

Algo en lo más profundo de mí quiere con desesperación sentirse en contacto con el Dios del universo.

—Yo también he pasado por algunos de esos momentos emotivos —le dice su esposa—. Cuando pienso en la inminente muerte de mi madre, he estado indagando sobre lo que le sucederá. ¿Habrá *otra* vida para ella, continuará su identidad? Creo que sí. ¿Y tú?

En esa playa de Hawai, con el sol brillando sobre su piel y el aire salado recordándoles el océano que se encuentra al alcance de sus manos, usted y su amor discuten cuál puede ser el asunto más importante de los dos.

Por qué la espiritualidad contribuye tanto a la unión matrimonial

Cuando un hombre y una mujer hablan y reflexionan entre sí acerca de asuntos espirituales, sus almas se entrelazan de manera invisible. Si descubren armonía en sus pensamientos y sentimientos, es como que si juntos adoptaran un trasfondo emocional y perceptivo para su existencia humana. Ninguna otra dimensión de la vida matrimonial ofrece tanto potencial para mezclar y tejer sus identidades.

La comprensión espiritual de las cuestiones importantes de la vida cambia de manera radical el entorno emocional en el cual las dos personas construyen juntas su vida. El color y la forma de estas experiencias son del todo diferentes en el contexto de las explicaciones espirituales. Por ejemplo, cuando dos personas tienen que enfrentarse a los límites extremos de la vida humana, la posibilidad de su propia muerte o de la muerte de un ser querido, una perspectiva espiritual mutua los sostiene y guía a través de la tormenta. Las explicaciones espirituales desahogan la ansiedad de una pareja en los tiempos de prueba y suaviza la emoción en los tiempos buenos.

La propia idea de que la existencia humana no se limita a lo material, la idea de que la identidad del ser humano puede continuar después que se corrompe el cuerpo, es tan inmensa y maravillosa como la presunción de que los cielos no tienen límites. Más importante aun, cuando dos personas que se aman determinan juntas que creen que un Ser está a cargo de la inmensidad de la creación, que este Ser los creó con toda intención y con un propósito, que ese Ser tiene un interés intenso en ellos, que desea formar parte de una relación personal con ellos, todo esto añade a su matrimonio una dimensión que nadie más puede lograr.

Al explorar y aclarar la perspectiva espiritual, los cónyuges contemplan su condición humana en los niveles más profundos. De esta manera, crean un imperio inmenso y vibrante en el cual pueden vivir y morir juntos. Y dentro de este imperio, el hombre y la mujer se mueven enseguida rumbo a la unidad. He visto que esto sucede incontables veces en mi propio matrimonio y en los de las personas que he tratado en mi consultorio.

¿QUÉ ES CON EXACTITUD LA ESPIRITUALIDAD?

Algunas personas, incluyéndome a mí, hablan a menudo de espiritualidad sin detenerse el tiempo suficiente para llegar a entender lo sorprendente y extraordinaria que es la idea misma de lo espiritual. Las cosas espirituales no son visibles. El fenómeno espiritual tiene pocos límites que reconocer. El poder espiritual actúa desde el más allá. Es una dimensión del todo diferente a nuestro mundo palpable y tangible. Requiere una perspectiva muy diferente.

A nuestra sociedad la dominan las explicaciones y motivaciones materiales. Tendemos a creer en cualquier cosa que veamos, toquemos y probemos. Aunque noventa y cinco por ciento de las personas en Estados Unidos confiesa que cree en Dios, la mayoría de los hombres y las mujeres piensa en las principales cuestiones de la vida de una manera totalmente material[1].

Y, sin embargo, sabemos que Dios es Espíritu. No podemos ver a Dios con nuestros ojos, ni podemos tocarlo con nuestras manos, ni probar su existencia a través de la investigación o exploración científica. Si creemos en Dios, es obvio que al menos creemos en parte en una dimensión espiritual. Así y todo, podemos tener un pequeño grado de confianza de que el lado espiritual de la vida siempre invade o rige lo material. Nuestra tendencia quizá sea a creer que nuestra existencia es en gran medida material y que solo podemos tener una vaga comprensión del fenómeno espiritual.

Por ejemplo, imagine que tiene un amigo cercano que está enfermo de gravedad. ¿Qué cree acerca de la enfermedad de su amigo? ¿Qué perspectiva asume en los pasos necesarios para su recuperación? Si su perspectiva es en gran medida material, puede creer que su amigo necesita los mejores cuidados médicos, el tratamiento más avanzado, mucho descanso y bastante ánimo y apoyo.

No obstante, si tiene una perspectiva espiritual, puede —además de todos esos asuntos materiales— dar por sentado que las fuerzas espirituales son capaces de intervenir y traerle una cura que es superior a un proceso médico ordinario.

Puede orar a Dios y pedirle que los médicos reciban dones especiales para ayudar a su amigo. Puede pedirle a Dios que aumente las capacidades curativas del cuerpo de su amigo y que vayan más allá. Puede pedirle a Dios que realice un acto de sanidad especial, por encima del trabajo normal de los médicos, las enfermeras, el hospital y el sistema inmune de su amigo y más allá de dicho trabajo.

Esto es, al menos en parte, lo que entendemos por espiritual. Aunque lo espiritual puede ser una dimensión traslapada con la física, también puede ser una dimensión separada por completo. Usted no puede ver los fenómenos espirituales con sus ojos, ni puede probarlos de formas ordinarias, pero dependiendo de su grado de fe, puede tener la seguridad interna del poder espiritual tanto como lo puede tener del poder material. Es posible que por experiencia esté convencido de la existencia y veracidad de la dimensión espiritual como lo está de la material.

Debido a que la dimensión espiritual a menudo implica asuntos más profundos de la existencia humana, su importancia en nuestras vidas es enorme. Tiene una increíble relevancia para que comprendamos el porqué estamos en la tierra, cómo estamos facultados, cuál es nuestra relación con los demás y cuáles son los límites de nuestra existencia. Cuando procesamos por completo la dimensión espiritual, comenzamos a reconocer lo fundamental que es nuestra salud emocional y mental. Y cuando comprendemos a un nivel más pleno la esfera espiritual, tenemos el poder de cambiar nuestra vida para siempre.

La importancia vital de la dimensión espiritual para cualquier matrimonio

A fin de que un matrimonio sea en verdad armonioso, las dos personas deben tener perspectivas espirituales similares. La espiritualidad incluye una gran parte de la vida tanto así que las diferencias en la orientación espiritual pueden crear una gran tensión en las relaciones.

Hace algunos meses, Alan y Erica, ambos con edades entre los veinte y treinta años, me visitaron para recibir consejería prematrimonial. Habían estado saliendo por año y medio, y coincidían en la mayoría de las cosas, pero había un aspecto principal de desacuerdo que Erica encontró problemático.

—Amo mucho a Alan y tenemos una relación grandiosa, pero me preocupan mucho nuestras diferencias en el campo espiritual —dijo Erica durante nuestra primera sesión—. Alan no sabe si cree en Dios y Dios para mí es tan real como mi madre y mi padre. Mi vida espiritual es una parte importante de mí y de cómo quiero vivir.

Alan se impacientó cuando ella hizo ese comentario.

—Escucha, Erica, he oído esa queja muchas veces —dijo él—. Hemos conversado de esto antes y he tratado de decirte que estoy más que deseoso de ir a la iglesia contigo, de que nuestros hijos vayan a la iglesia y que incluso demos nuestro dinero a la iglesia. ¿Qué más puedo hacer?

—Pero Alan, no estoy hablando de ir a la iglesia —dijo Erica—. No creo que creas de verdad en Dios. Me dijiste que no *sabías* si creías, pero el hecho es que no muestras interés en los asuntos espirituales ni te gusta discutir el tema. Cuando tu madre se enfermó la primavera pasada, no tuviste la inclinación a orar por ella.

Sin dudan, Alan estaba irritado. Suspiró profundo y dijo:

—¡Erica, estás comenzando a sonar como un disco rayado! Hemos tratado este asunto miles de veces. Solo somos diferentes en este aspecto. Para ti, Dios es real. Para mí, no lo es. Tú oras siempre, pero eso no tiene sentido para mí. Yo te doy completa libertad para dedicarte a la espiritualidad... y yo deseo tener la libertad para no hacerlo. ¿Podríamos vivir y dejar vivir? ¿Tienes que hacer un gran problema por esta *única* esfera diferente en nuestra vida juntos?

Erica miró al piso durante un largo tiempo y creí que estaba sumida en profundos pensamientos. Sin embargo, comenzó a llorar en silencio. Era obvio que estaba confundida por la situación. Si se casaba con este hombre que le importaba en gran medida, todo el aspecto espiritual de su vida tendría que ser un asunto privado. ¿Cómo le expresaría a Alan con franqueza y de verdad sus pensamientos? Quizá sentía que con el tiempo él trataría de aplastar sus intereses espirituales, y ella sabía el alto precio que tendría que pagar.

—Doctor Warren —dijo ella entre lágrimas—, este es precisamente el motivo por el que le supliqué a Alan que viniera conmigo a visitarlo. Alan tiene razón. Hemos hablado acerca de esto una y otra vez, pero no se ve ningún progreso, al menos desde mi perspectiva. ¿Qué debemos hacer? Él y yo casi no tenemos *nada* en común en el campo espiritual. Supongo que debería preguntarle su opinión sobre cuán importante es en realidad la unidad espiritual para nuestra felicidad y estabilidad a largo plazo.

Los interrogantes importantes sobre la perspectiva espiritual

Durante las siguientes sesiones con Alan y Erica comencé a explorar los diversos lados de la espiritualidad y su papel al unir e integrar a dos personas en un matrimonio. Les dije que cuando se trata de la importancia de la unión espiritual de dos que se aman, existen varios asuntos críticos que examinar.

Primero, varios estudios empíricos demuestran que los matrimonios marchan mejor cuando dos personas tienen gran cantidad de similitudes. Una de las más importantes es la forma en que las dos personas perciben y enfocan los asuntos importantes de la vida: las preguntas fundamentales que cada ser humano debe responder.

Si uno cree que todo lo que le sucede es del todo explicable sobre la base de factores prácticos y materiales, este enfoque determinará en gran medida su estilo de vida, personalidad y valores. Si el otro ve la vida dentro de un contexto material *y* espiritual, incluyendo la creencia de que Dios interviene en las vidas de las personas, el enfoque hacia la vida será diferente por completo. Una diferencia principal es evidente en la forma en que perciben miles de sucesos día tras día.

Sin embargo, la espiritualidad es mucho más compleja. Por ejemplo, dos personas pueden tener la misma perspectiva *espiritual*, pero pueden tener puntos de vista del todo diferentes respecto a Dios. Uno puede ver a Dios como muy exigente, incluso enojado, mientras que el otro lo percibe como muy amable y bondadoso, rápido para perdonar y lento para enojarse. Esta diferencia puede ser un gigantesco inhibidor del acercamiento matrimonial.

Algunas veces las personas difieren de manera radical en la dimensión subjetivo-objetiva. Una persona busca dirección espiritual de una manera subjetiva, a través de la oración y de la reflexión, mientras que la otra persona utiliza listas de pros y contras, analiza cada situación y hace razonamientos enfáticos sobre la subjetividad.

Por último, dos personas pueden diferir en el papel de otras en el proceso espiritual. Sé de matrimonios cuya espiritualidad recibe una gran influencia de las relaciones con sus familias u otras parejas en sus iglesias o grupo de estudio bíblico. La esposa, por ejemplo, no realizará ningún cambio espiritual sin buscar el consejo de otros. Su esposo, por el contrario, es muy reservado. Le gusta subir una cuesta solo o bien encerrarse en un armario y cerrar la puerta, y considera que las opiniones de los demás son del todo inútiles. A decir verdad, no le gusta ir a la iglesia, pero va de todos modos porque su esposa cree que es importante para su desarrollo espiritual.

He aquí la esencia: la espiritualidad puede marcar una enorme diferencia para dos personas casadas. Si uno es muy espiritual y el otro no lo es en absoluto, los problemas relacionados con la espiritualidad pueden amenazar el matrimonio. Incluso, en los casos en que la espiritualidad es una parte vital de ambas vidas, las diferentes formas en las que persiguen los intereses espirituales pueden ser divisivas.

Después que exploramos estos y muchos otros asuntos relacionados con la espiritualidad, Erica concluyó que no se podía casar con Alan. Como es de imaginarse, esta decisión fue muy dolorosa para ambos. Yo esperaba que Alan pudiera alcanzar un interés genuino sobre la espiritualidad. A pesar de todo, nunca lo hizo, y al final me sentí aliviado de que Erica rompiera su compromiso. Un desacuerdo como este en un asunto tan importante y global hubiera tenido un gran peso que hubiera ocasionado que su relación se fuera hundiendo mientras estuvieran juntos.

Cinco sugerencias para hacer que la espiritualidad sea más que una parte de su matrimonio

Mi trabajo clínico a través de los años me ha convencido de que para cada pareja, la unidad espiritual es un asunto de vital importancia. Es por eso que insisto tanto en la espiritualidad como un asunto crucial a explorar por cada pareja que piensa casarse. Sé que si una pareja congenia bien en esta dimensión, su vida espiritual juntos les proporcionará una gran cantidad de combustible positivo para la relación. Aunque si solo congenian un poco, el potencial negativo es de igual manera importante.

Algunas veces las parejas no consideran su afinidad espiritual hasta que llevan casados un largo tiempo. Quizá nadie los animó jamás a elegir una pareja con la cual fueran compatibles en lo espiritual, sino que por la razón que sea, ahora están casados, incluso hasta con hijos, y su unidad espiritual no es nada ideal.

Sé que una persona logra adaptarse a la espiritualidad del otro. Todo comienza con el deseo de hacer que esta sea una parte más satisfactoria para ambos. Con esto en mente, le ofrezco cinco sugerencias para construir una relación espiritual más satisfactoria.

1. Exploren juntos la dimensión espiritual en una atmósfera de franqueza.

Imagine lo beneficioso que sería para todas las parejas pasar por la experiencia que describí al principio de este capítulo: estar en una playa de Hawai juntos, comentar en forma abierta y reflexionar sobre las preguntas de la existencia humana.

La mayoría de las personas encuentran fascinante reflexionar sobre la dimensión del espacio exterior. La posibilidad de que no existan límites para los cielos estimula mi cerebro y reduce mi imaginación. Cuando dos personas hablan sobre estas ilimitadas posibilidades, es inevitable que tengan que comenzar a tratar los asuntos relacionados con la espiritualidad.

Animo a las parejas para que realicen largas caminatas a las colinas, extiendan una manta en el camino, se sienten y conversen sobre los asuntos de más peso de la vida, a fin de obtener una cada vez más profunda comprensión de las perspectivas mutuas y descubrir los complejos detalles de los puntos de vista personales de los asuntos importantes.

2. *Aprovechen las crisis para aprender a orar juntos.*

En una época de crisis financiera o física, es probable que dos personas estén más dispuestas a que su corazón lata como uno solo. Las necesidades personales o familiares pueden doblegar su resistencia racional hacia la espiritualidad, y de repente, estarán dispuestos a pedir ayuda a Dios.

Por supuesto, no necesitamos esperar hasta que nos golpee la miseria para pedir a Dios su ayuda y protección. De manera continua enfrentamos crisis potenciales si dejamos de ver de forma objetiva la vulnerabilidad de nuestra vida. Por ejemplo, Marylyn y yo tenemos tres hijas que están casadas con hombres a quienes amamos mucho. Estas tres parejas tienen un total de nueve hijos que nos preocupan desde lo más profundo. También sentimos un gran afecto por la madre y el padrastro de Marylyn. Si cualquiera de estas diecisiete personas se enfermara de gravedad o se lesionara en un accidente, nos afectaría muchísimo. El tiempo para orar con intensidad por cada uno de ellos es *antes* de que ocurra alguna situación adversa. Marylyn y yo estamos unidos en nuestro amor y mejores deseos para cada una de estas personas... y esto nos motiva a orar por ellos. Nuestras verdaderas preocupaciones por todos inspiran los momentos espirituales que disfrutamos. Las crisis, o incluso las crisis potenciales, son tiempos fértiles para trabajar por la espiritualidad matrimonial.

3. Busquen un pequeño grupo de personas con pensamientos similares a fin de promover el crecimiento espiritual.

Las reuniones regulares con un grupo sano de cinco o seis parejas casadas, con retos y metas similares y que reconocen la importancia de la unidad espiritual en sus matrimonios, proporcionará un catalizador para el crecimiento.

Animo a los esposos con quienes trabajo a que estén cerca de otras parejas en su comunidad espiritual, cuyos valores sean similares y que deseen tener buenos matrimonios. Si el grupo es sano en emociones y espiritualidad, la interacción puede producir más progreso matrimonial en poco tiempo que en casi cualquier otra cosa.

4. Lean juntos un buen libro.

Cuando se trata de desarrollar una vida espiritual más profunda con su pareja, necesita todo el estímulo posible. Una buena fuente de estímulo es un libro de primera de un autor que trate los intereses de ambos esposos.

Muchas personas se han dejado cautivar por las obras de C.S. Lewis. Sus libros son excelentes para leerlos y discutirlos juntos. Los libros de Philip Yancey son igual de populares, sobre todo *El Jesús que nunca conocí* y *Gracia divina vs. Condena humana*.

Algunas parejas se benefician de manera increíble con la lectura conjunta de pequeños pasajes de la Biblia. Esta lectura los hace conversar, y ese es el comienzo para construir una perspectiva espiritual común. Recomiendo de manera enfática que las parejas compren una traducción bíblica moderna o paráfrasis para este propósito, tal como *La Biblia Viviente* o *La Biblia al*

Día. A Marylyn y a mí, *La Biblia Viviente* cambió por completo nuestra comprensión de la importancia de la Biblia para nuestro matrimonio.

5. Comenten, con tanta frecuencia como les sea posible, los pensamientos, las ideas y confusiones que les surjan.

Toda la discusión de la espiritualidad se resume en esto: el mundo en el que vivimos, lo que llamamos el mundo material, está constituido en gran medida de cosas externas a nosotros, lo que está fuera de nuestra piel. Si intenta construir un gran matrimonio que se enfoque solo en el mundo material: la casa, el auto, la ropa, la carrera, es probable que reciba una gran decepción en algún punto del mismo. Los cimientos son demasiado inseguros y las dolorosas experiencias de la vida pueden drenar su matrimonio hacia el mar.

La espiritualidad involucra lo que está dentro. Se construye alrededor de una búsqueda por el significado profundo, por un sentimiento sobre los asuntos eternos. Los matrimonios formados por personas que expresan sus experiencias, pensamientos, preocupaciones y participan en estas esferas de la vida tienden a mantenerse juntos y a enriquecer su matrimonio con el paso del tiempo.

El desplazamiento del mundo material al espiritual hace que un matrimonio se mueva de lo superficial a lo profundo, de lo inmediato a lo eterno, de dos individuos distintos, a una pareja unida que los llevará hacia lugares profundos, aquellos donde reina la espiritualidad.

La búsqueda espiritual es mucho más eficaz cuando dos que se aman acuerdan seguir una ruta

En una encuesta que realizó la revista *Newsweek* a setecientos cincuenta y seis adultos en noviembre de 1994, cincuenta y ocho por ciento dijo que sentía la necesidad de experimentar crecimiento espiritual. Por fortuna o no, las personas pueden apuntar hacia senderos espirituales para tratar las cuestiones más profundas de la vida. A pesar de que algunos de estos senderos espirituales conducen a la falta de salud emocional y matrimonial, el hecho fundamental es que el matrimonio se puede disolver cuando los dos cónyuges persiguen enfoques espirituales diferentes.

Debido a que la espiritualidad tiende a emerger frente a la mayor parte de los problemas más importantes de la vida, es precisamente aquí donde dos que se aman necesitan estar en armonía. Si una persona, por ejemplo, persigue un sendero que lo aleje de Dios por completo y la otra persona ora a Dios con regularidad y busca su dirección, ¿de qué otra manera podría estar esta pareja tan distante?

Al haber crecido bajo las enseñanzas bíblicas y judeocristianas, Marylyn y yo siempre hemos tenido a Dios como el centro de nuestra búsqueda espiritual. Creemos en un Dios que es irresistiblemente atractivo. Nuestra comprensión de quién es Dios proviene de nuestro estudio del carpintero judío, Jesús. En años recientes, nos hemos enfocado cada vez más en Jesús como pleno representante del Dios que está detrás de toda la creación, del espacio interior y exterior.

La armonía que experimentamos en esta esfera ha sido un contribuyente crucial para nuestro matrimonio. ¡Qué determinante es tener tanto en común en nuestra búsqueda espiritual!

LOS SUSTANCIALES BENEFICIOS DE UNA ESPIRITUALIDAD COMÚN EN EL MATRIMONIO

En el centro de los grandiosos matrimonios existe un conjunto de perspectivas comunes. Las más importantes relacionan los asuntos más centrales de la vida. Estos asuntos a menudo requieren respuestas espirituales. Por lo tanto, la perspectiva espiritual común de una pareja es crucial para su sentido de unidad.

Le daré algunos ejemplos. Se me ocurre que la pregunta más decisiva de la vida es esta: ¿Existe un significado o propósito mayor para nuestra existencia que los pocos años que vivimos en esta tierra? De manera similar ¿hay alguien o algo a cargo de todo esto? ¿Existe un contexto mayor en el cual vivimos, uno que ofrezca la esperanza de un futuro más duradero que logremos prever con facilidad?

Cuando nos recostamos en la playa y contemplamos el ilimitado espacio celestial, de inmediato nos ponemos en contacto con nuestro deseo de comprender los misterios de la vida. En esencia, comenzamos a preguntarnos: *¿Quién tiene la responsabilidad de todo esto? ¿Cómo sucedió todo esto?*

Nuestros intentos para proporcionar respuestas verosímiles nos empujan con frecuencia a la dimensión espiritual. Si la orientación espiritual que adoptamos es exacta, razonamos, esto puede tener varios beneficios. Por ejemplo, nos debe permitir acercarnos hasta cierto punto al poder más grandioso en nuestras vidas. Debe reducir la ansiedad, incrementar nuestro sentido de significado, llenarnos con más alegría y gozo, ser más amables y gentiles en nuestro trato con otros, llenarnos de un gran sentido de unión con todos los miembros del género humano, conducirnos a mejores valores, etc., etc.

La meta de cada persona y matrimonio es una perspectiva espiritual que les proporcione estos beneficios.

Una palabra personal acerca de mi orientación espiritual

Aunque crecí en un contexto religioso, no desarrollé lo que consideré como una orientación espiritual saludable hasta después que había ejercido la sicología durante varios años. Esto me ha llevado a especular que la «religión» a menudo estorba a la espiritualidad saludable.

Para mí todo comenzó con un estudio cuidadoso de la vida de Jesús. Cuando encontré las profundas enseñanzas del apóstol Pablo acerca de que Jesús *es la imagen del Dios invisible* [2 Corintios 4:4, LBD] decidí enfocar toda mi atención en el Carpintero de Nazaret.

Quedé abrumado con lo que descubrí. Él me llevó a Dios, quien cuadraba a la perfección con todo lo que había descubierto como sicólogo.

He visto a miles de personas que se mejoran cuando toman de manera personal el amor de Dios para ellos y cuando, por esta razón, desarrollan un vivo y preciso amor por ellos mismos. Jesús les dice que Dios *es* amor, que su amor por ellos es confiable e interminable, que su deseo es estar en una relación completa con ellos y que desea perdonarlos una y otra vez en su esfuerzo por alcanzar su meta.

Cuando comencé a comprender estas ideas, y cuando Marylyn y yo comenzamos a comprender todo su significado, nuestras vidas cambiaron vidas para siempre.

Deje que la espiritualidad sea el centro de su matrimonio y todo lo demás caerá en su lugar

He aquí unas palabras finales: nada más importante en su matrimonio que la importancia de la espiritualidad saludable. Si los dos comienzan a ver la vida bajo la luz de la perspectiva espiritual armoniosa, sus días juntos tendrán poder y estarán llenos de sentido. Entonces sabrá lo que significa tener un matrimonio que es *por la eternidad*.

Capítulo Ocho

Venza el conflicto matrimonial y coseche las recompensas

Deseo hacerle algunas preguntas, y me gustaría que las respondiera sin analizar sus respuestas. Solo su primera reacción.

¿Cree que el conflicto en el matrimonio es bueno o malo?

¿Considera que los desacuerdos entre los esposos son constructivos o destructivos?

¿Qué me dice acerca de una pareja que discute con mucha frecuencia?

Si ve el conflicto matrimonial como negativo, como le ocurre a la mayoría de las personas, espero que este capítulo le haga cambiar su forma de pensar. Justo aquí al principio, le explicaré mi posición. Creo que el conflicto matrimonial puede ser un recurso natural valioso para que los cónyuges aprendan a manejarlo con sabiduría. Este puede proporcionar un flujo continuo de energía saludable y de vitalidad a un matrimonio. A pesar de que el conflicto es inevitable e importante para cualquier relación, su «valor» se debe extraer con rapidez. Entonces el conflicto se debe resolver de inmediato.

Si usted y su pareja dominan las habilidades para hacer del conflicto algo constructivo, se creará la libertad para el desarrollo de la individualidad de cada uno. Además, se eliminará casi por completo todas las caídas en su relación. Tendrá una generosa fuente de energía para impulsar su unión hacia la grandeza.

El conflicto matrimonial es tan inevitable como importante

El año pasado, Shannon llamó para pedir una cita para consejería matrimonial. En el teléfono, esta madre y ama de casa dijo que su relación con su esposo, Craig, un maestro de matemáticas de secundaria, estaba muy fría y distante. La mujer dijo que su hogar se había convertido en una «zona de guerra misteriosamente tranquila».

Durante nuestra primera sesión, tomé la descripción de ella y les pregunté a ambos si me podrían explicar con más detalles.

—Supongo que podría decirse que estamos comprometidos en nuestra propia guerra fría —dijo Shannon—. No hay una guerra abierta, no hay batallas explosivas, ni se lanzan granadas verbales. Solo nos hemos quedado en un punto muerto, donde reconocemos las líneas de batalla y nos mantenemos a una segura distancia de estas.

La evaluación de Craig fue menos militarista, pero no menos problemática.

—Simplemente no nos hablamos a menos que sea sobre las cuentas pendientes, para coordinar quién llevará a los niños a las prácticas de fútbol o quién llevará a reparar el automóvil —dijo él—. Pareciera que la mayoría de las veces nos enojáramos y enfadáramos en silencio.

—Exacto —interrumpió Shannon—, los niños ni siquiera se dan cuenta de cuán enojados estamos casi siempre. No lo hacemos una cosa grande ni estrepitosa. Sin embargo, nosotros sabemos cuán frustrados e indignados nos sentimos.

Craig y Shannon hablaron como media hora acerca del conflicto en su matrimonio... conflicto que casi nunca se había discutido ni sacado a luz. Los esposos libremente admitieron su incapacidad para resolver este conflicto. Estaban atrapados en una profunda sensación de impotencia frente a este punto muerto. El conflicto para ellos no era un recurso natural; amenazaba con destruir su relación.

Era obvio que los esposos tenían que resolver los problemas que ocasionaban toda esta angustia y frustración, pero primero tenían que aprender a procesar sus conflictos de una forma sana y productiva. Si no cuentan con la habilidad de trabajar mientras atraviesan por desacuerdos y de beneficiarse de estos, continuarán dando vueltas como si estuvieran en una montaña rusa.

Le hice a Craig y a Shannon preguntas similares a las que expuse al principio de este capítulo: «¿Qué creen acerca del papel del conflicto en su matrimonio? ¿Qué tan destructivas son las peleas dentro de la pareja?».

—¡Ah, creo que es horrible! —respondió Shannon de inmediato—. ¡Es *terrible* cuando dos personas que dicen amarse no se puedan llevar bien! Cuando era niña mis padres peleaban como perros y gatos. Algunas veces sus peleas eran muy calientes, incluso violentas en un par de ocasiones. Sus peleas nos alteraban tanto a mi hermana y a mí que íbamos y nos escondíamos en el armario.

Shannon se detuvo por un momento, con una mirada distante. Era evidente que se transportaba a mucho tiempo atrás.

—Algunas veces hasta discutían, a voz en cuello, en público. ¡Era un espectáculo muy embarazoso! Juré que nunca pelearía como ellos cuando me casara.

Le pregunté a Craig si él se sentía de la misma forma.

—También creo que el conflicto en el matrimonio es triste, pero por una razón diferente —dijo—. Parecía que mis padres nunca peleaban y vivieron juntos por cincuenta y dos años. ¡Cincuenta y dos! Le digo, nunca los vi discutir, ni una sola vez. Qué relación tan sorprendente tenían. Así que me pregunto: *¿Por qué Shannon y yo no podemos ser de esa forma? ¿Qué problema tenemos nosotros?* Me desagrada admitirlo, pero he comenzado a pensar que tal vez somos muy diferentes. Quizá, ante todo, no debimos casarnos.

¡Cielos! Sabía que me iba a costar trabajo. Tan empecinadas estaban estas personas contra cualquier clase de conflicto que tendría que intentar ayudarlos a comprender que los desacuerdos son naturales e inevitables en el matrimonio.

—Lo primero que tenemos que comprender —dije de la manera más sutil—, es que todas las parejas tienen conflictos. No hay nada inherentemente *malo* en eso. Craig, sin ofender a tus padres, pero si una pareja de casados viven juntos por largo tiempo sin conflictos, casi siempre significa que uno o ambos cónyuges han abandonado su individualidad e identidad. En un momento dado deciden no expresar sus propios deseos, gustos y opiniones.

Observé a Shannon y dije:

—Es cierto que algunas personas, como sus padres, resuelven el conflicto de manera indebida, y entonces *es* destructivo. Si resulta ser útil o dañino depende de cómo se enfrente, día a día.

Esta afirmación es solo el primer paso en una larga jornada para ellos. Durante meses, se resistieron a cualquier tipo de conflicto abierto, siempre volvían a su patrón de enfado silencioso, «guerra fría», como lo llamó Shannon. Sin embargo, con el tiempo, se dieron cuenta de que sus conflictos no resueltos eran como ladrillos apilados uno sobre el otro, hasta levantarse una pared impenetrable. Más sorprendente todavía, Craig y Shannon aprendieron cómo discutir en una forma saludable y constructiva. Sin llevar todo el bagaje emocional a cada lugar, su matrimonio se había vuelto más llevadero y placentero como no lo fue nunca antes.

¿Estoy haciendo que parezca demasiado fácil? ¡No es así! Lucharon de manera ardua a fin de aprender formas positivas de manejar el conflicto. Cada paso hacia delante lo seguía medio paso hacia atrás. Sin embargo, perseveraron y su matrimonio está alcanzando las recompensas.

¿Por qué se desprestigia con tanta frecuencia el conflicto matrimonial?

Muchas personas casadas creen que el conflicto es malo para un matrimonio, que las discusiones indican que la relación está en peligro de colapsar. Si fueran el uno para el otro, nunca habría un conflicto en su matrimonio.

Como le expliqué a Craig durante esa primera sesión, he visto pocos matrimonios sin conflictos durante el curso de mi carrera y como es de esperar, ambos estaban moribundos. Simplemente se necesitaría casarse con una copia humana idéntica a fin de tener un matrimonio sin conflictos. Si la persona es idéntica a uno o está deseosa de sacrificar su vida en lugar de la suya propia, así jamás tendrán diferencias.

Así y todo, los matrimonios fuertes y sólidos están formados por dos individuos sanos y en el centro de la individualidad sana está la expresión de los dones únicos que Dios les ha brindado. Para ser sana, una persona necesita llegar a ser el individuo que Dios imaginó que sería. Cuando dos personas casadas son ellas mismas, el conflicto es inevitable en su relación. Cada uno comienza a expresar sus propios pensamientos, sentimientos e ideas, diferentes a los de las demás personas que habitan la tierra. Cuando demuestran estas diferencias únicas, es posible que de inmediato se sientan amenazados. Si los cónyuges poseen diferentes creencias y opiniones, el temor puede ser aceptar que uno de los dos tenga *razón* y que el otro esté *equivocado*. Si esto produce una actitud de defensa en ellos, los cónyuges pueden sentir que necesitan mantenerse uno contra el otro a fin de demostrar el «error» del otro. Esta es una forma típica, pero del todo innecesaria, de resolver la singularidad y el conflicto matrimonial.

Demasiado a menudo, las parejas se niegan a enfrentar el conflicto, como lo hicieron Craig y Shannon por mucho tiempo. Tratan de esconderlo debajo de la alfombra, para simular que no existe. Quizá pensaban que la paz matrimonial a cualquier precio significa más que la vitalidad matrimonial. Si las parejas toman esta decisión, cometen un grave error. Estarán erradicando una de las posibilidades más grandiosas del matrimonio: la oportunidad de que dos personas únicas unan sus vidas y construyan juntos algo mucho mayor de lo que podían construir solos. Al enfrentarse a la decisión de lo que pueden hacer con sus diferencias, se ubican al borde de la grandeza o la condena matrimonial.

Algunas veces la decisión de evitar el conflicto la toman dos personas que nunca han aprendido a cómo resolverlos de manera eficaz. Si no sabe cómo resolver un conflicto, es posible que por instinto huya de él. Puede desarrollar una urgente necesidad de mantenerlo oculto, de enfriarlo y de hablar sin rodeos acerca de cuán inadecuado es el conflicto para un buen matrimonio.

Como Shannon aprendió de su infancia, algunos conflictos son horriblemente destructivos. Por ejemplo, el conflicto que no se resuelve rápido se vuelve tóxico con el paso del tiempo. Los conflictos guardados son un enemigo atemorizante para cualquier matrimonio. Aun así, existe una gran diferencia entre el conflicto matrimonial que se maneja con rapidez y el que perdura por horas, días y semanas.

Identidad y conflicto, el enlace incomprensible

En un gran matrimonio, ambas personas son libres y auténticas. Dentro de su relación amorosa, cada uno puede experimentar y expresar su identidad con el apoyo de su pareja. Con todo, algunas veces su identidad en un momento determinado los separará. En este momento surge el conflicto entre la pareja.

¡Aquí yace el potencial genuino del matrimonio! Dos personas traen lo mejor que tienen y lo comparten hasta lo más profundo. Quizá difieran. No hay nada inusitado en eso. Ambos traen dos perspectivas maravillosas y únicas al momento, y su potencial para un crecimiento notable solo depende de su capacidad para decir: «Veamos con claridad nuestras diferencias. No importa si uno de nosotros tiene razón y el otro está equivocado. El hecho es que si ambos nos unimos, tenemos la oportunidad de enriquecernos en este proceso».

Sí, difieren, pero la atmósfera emocional en la cual ocurre el conflicto determina la calidad del resultado.

Creo que el componente clave en el conflicto constructivo es la velocidad para resolverlo. El conflicto marital casi siempre se puede enfrentar de manera satisfactoria en lo que llamamos la *fase de chispa* en lugar de hacerlo en la fase *de llamarada*. Piense en esto de la siguiente forma: suponga que se enciende un fuego en su cocina. Si llena enseguida una olla con agua y lo apaga, ocasionará pocos daños. No obstante, si el fuego se extiende por la casa mientras busca con desesperación un extintor o una manguera, la destrucción será grave. Así es el conflicto conyugal. Los esposos necesitan resolver juntos sus diferencias *al principio* del proceso, en cuanto expresen sus perspectivas únicas el uno al otro.

He aquí la esencia: los matrimonios sanos necesitan individuos sanos. Además, deben tener la libertad de convertirse en sujetos únicos y auténticos, pues para eso fueron creados. En ciertos momentos de la vida matrimonial, dos personas únicas tendrán perspectivas diferentes sobre cualquier asunto o problema que se presente. Ambas deben tenerlas con total libertad. Y las dos perspectivas, en lugar de una, pueden contribuir de manera positiva al matrimonio. La pareja debe reconocer los beneficios y resolver el conflicto sin demora. Bajo estas condiciones, el conflicto puede ser muy valioso.

El conflicto brinda un flujo constante de energía positiva

Me imagino lo que está diciendo ahora: «Toda esta pomposa conversación es magnífica en teoría, pero muy difícil para ponerla en práctica cuando estamos enzarzados en un desagradable enfrentamiento». ¡Tiene toda la razón! Cuando Marylyn no está de acuerdo conmigo en cuándo tomaremos vacaciones, mi impulso inmediato es imponer mi opinión con vigor ofensivo. «Si tiene razón en esto», razono, «yo soy el equivocado. Y no quiero estar equivocado... ¡incluso si lo estoy!»

Sin embargo, y he aquí una lección para todos los esposos, si percibo que Marylyn es amable y cariñosa conmigo, todo transcurre con tranquilidad.

«Solo escúchame, Neil», dice algunas veces con una voz suave y ojos amorosos. En un instante, aleja de mí el temor a estar equivocado y «solo escucho».

Cuando escucho de verdad, casi siempre finalizamos con una discusión amistosa en lugar de un debate fogoso. Después que ella resalta varios puntos, yo hago una o dos preguntas y luego ella amplía sus pensamientos. Entonces mi cerebro se sincroniza, y me surgen algunas ideas para alinearlas con las de ella. Algunas veces ella tiene algunas preguntas acerca de mis ideas y sus preguntas me hacen pensar con más cuidado.

Cuando terminamos de conversar sobre nuestras vacaciones, casi siempre tenemos un plan con el cual ambos nos sentiremos a gusto. Por lo general, tenemos un plan mucho mejor al que propusimos al principio.

El conflicto es perfectamente razonable, si surge de dos perspectivas únicas por lo general trae consigo problemas bastante pequeños. La mayor parte de las cosas sobre las que hablamos en un matrimonio son en comparación pequeñas. Mi argumento es que si usted y el amor de su vida se enfrentan a un problema pequeño o grande, la manera de resolverlo puede producir una fuente de energía saludable a su matrimonio. Es posible que no estén de acuerdo al principio, pero antes de que lo sepan, los dos producirán una gran cantidad de ideas y observaciones acerca de la manera «adecuada» de resolver su problema. Durante el proceso, pueden recorrerlo juntos y observarlo desde diferentes perspectivas. Cada uno puede aportar importantes detalles relacionados con el asunto. Y al terminar, tendrán un mejor plan que satisfará a los dos.

Solución del conflicto
a su debido tiempo

Casi nadie reconoce la importancia de tratar con rapidez el conflicto, antes bien corren el riesgo de hacer graves daños a su matrimonio. El apóstol Pablo le dijo a la iglesia en Efesios: «¡Jamás se ponga el sol sobre su enojo! Dejen pronto el enojo, porque cuando uno está enojado le da ocasión al diablo» (Efesios 4, 26-27, LBD).

No es fácil resolver el conflicto de una manera oportuna. Para ser francos, usted no desea apresurar la solución porque quizá interrumpa antes de tiempo la expresión de ideas únicas que son vitales para la sana existencia individual y matrimonial.

He trabajado con un considerable número de parejas en las que uno de los dos era el que solucionaba enseguida el conflicto. El patrón casi siempre era el mismo. Uno de la pareja intentaría expresar una opinión disidente y el otro la interrumpiría, diciendo: «Ya sé, ya sé, ya sé», o «De acuerdo, de acuerdo, de acuerdo». El propósito de esta respuesta impulsiva y apresurada es obvio: interrumpir a la otra persona antes de que tenga la oportunidad de expresar su perspectiva. Sin embargo, a menudo siento que la interrupción es demasiado rápida. Una suposición tácita en el «Yo sé, yo sé» era que no hacían falta explicaciones y aclaraciones adicionales. Sin embargo, varias veces siento la necesidad de interrumpir y decir: «Elaine, quiero oír lo que ibas a decir». Cuando Elaine terminó de hacer sus comentarios, estaba casi claro que su esposo y yo no sabíamos lo que estaba pensando en realidad, sino hasta que lo expresó.

Un problema más común que apresurar la solución del conflicto es tomarse un larguísimo tiempo para lograrla. Esto casi siempre sucede por una de dos razones. La primera es que mucha gente interpreta enseguida cualquier comentario verbal de la esposa como probablemente negativo. Cuando Jackie dice: «Jim, déjame decirte lo que pienso de esto», la postura de Jim de inmediato se convierte en la de un boxeador que anticipa la combinación de un golpe de izquierda y derecha. Su guardia está en alto. Su pose indica que no permite que su oponente le aplique algún golpe rápido y desea darle el contragolpe al primer indicio de descuido. Es obvio, una postura defensiva y en guardia no permite que se hagan intentos con el propósito de buscar una solución.

Segundo, uno de los dos puede ser sensible en exceso a *cualquier* crítica e interpretar un desacuerdo como cualquier otra cosa menos: «¡Tienes toda la razón, Jim! ¡Lo veo de la misma forma! ¡Estoy ciento por ciento de acuerdo contigo!». Sin esta afirmación redundante de creencias comunes, el individuo se siente lastimado y a menudo opta por estar de mal humor y guardar rencores. La persona «herida» piensa que pasar por el dolor sería como confesar la derrota, y que reconocer la opinión de su pareja sería como una contribución para evitar que la hieran. Esta necesidad de sentirse herido cuando su pareja no está de acuerdo con cada cosa que dice es señal de un débil concepto de sí mismo, que a menudo es un obstáculo para la solución sana y oportuna.

El aporte de cada cónyuge en el manejo del conflicto matrimonial

No se desvíe de la dirección que llevamos. El conflicto puede beneficiar a un matrimonio cuando permite que cada cónyuge tenga la completa oportunidad de expresar sus pensamientos, sentimientos y puntos de vista. Aun así, la contribución de cada persona tiene que reconocerse y apreciarse de inmediato, y si es diferente a la de la posición de su pareja, el conflicto resultante se tiene que resolver con rapidez y eficiencia.

Para hacer esto, *cada parte necesita tener un fuerte concepto de sí mismo, un conjunto de actitudes bien preparadas y una mente y lengua rápidas*. Le explicaré de manera más precisa lo que quiero decir.

Si uno se respeta mucho a sí mismo, no será necesario que su pareja esté de acuerdo con usted en cada punto para sentirse bien. Su concepto de sí mismo será seguro. No estará en la posición vulnerable de necesitar controlar los pensamientos y sentimientos de su pareja con el fin de sentirse aprobado. No necesitará ver cada diferencia entre los dos como una competencia.

Quizá esté pensando cómo logra tener un concepto de sí mismo como este. Todo comienza con descubrir, por sí solo y sin lugar a dudas, que el Dios del universo es el centro de su vida. Esta es la red de seguridad de la que hablé en uno de los primeros capítulos. Cuando comienza a creer que Dios lo acepta por completo, se sentirá muy seguro de sí mismo. Su propia aceptación no tendrá nada que ver con las cosas externas: cuánto dinero tiene, cuánto ha logrado ni cuántas personas creen que es maravilloso. Esto comprenderá lo que cree de usted mismo. Si fundamenta su punto de vista en verdades más profundas que su apariencia física o lo inteligente que es, experimentará un sano concepto de sí mismo.

En este capítulo hemos discutido en detalle el asunto del conjunto de actitudes bien practicadas. Los esposos que creen que el conflicto es malo para el matrimonio no tendrán un conjunto de actitudes que los guíe al enfrentar y resolver el conflicto.

Si reduzco esta lista de actitudes cruciales a cinco, serían estas:

1. Las diferencias entre nosotros son buenas. Eso significa que ambos somos únicos y eso también es bueno.

2. Deseo que mi pareja sea emocionalmente saludable. Esto requiere que seamos individuos auténticos.

3. Deseo escuchar y comprender lo que el amor de mi vida piensa y siente sobre cualquier cosa, así que escucharé con atención lo que dice.

4. Cuando no estemos de acuerdo en algo, daré por sentado que ambos tenemos algo importante que decir. Trataré de expresar mis sentimientos en forma completa y precisa, y animaré a mi pareja a que haga lo mismo.

5. Mi meta matrimonial se centrará en la unión. Cuando no estemos de acuerdo en algo, me esforzaré por decir: «De acuerdo, amor, ¿qué puedo ofrecer y qué puedes ofrecer a fin de que juntos lleguemos a un acuerdo?»

Cuando este conjunto de actitudes bien practicadas se combina con un concepto de uno mismo bien desarrollado, todo lo que se necesita es una mente bien definida y una lengua eficiente. Se lo explicaré: Marylyn y yo experimentamos lo que podríamos llamar un conflicto serio en una ocasión. Pasamos toda la mañana en el emocionalmente agotador, incluso inspirador, servicio funeral del hijo de veinticuatro años de unos amigos cercanos. El increíble joven era voluntario del Cuerpo de Paz en Guinea, y murió en un terrible accidente automovilístico. Estábamos devastados después de una semana de lamentar su muerte con nuestros amigos.

Cuando Marylyn y yo llegamos a casa, comenzamos a disgustarnos por un asunto sin importancia. En nuestra fatiga, olvidamos todo lo que sabíamos acerca de resolver el conflicto con celeridad. De pronto, alzamos nuestras voces y dije cosas que no sentía.

Marylyn salió con brusquedad de nuestro dormitorio y luego de la casa. De inmediato, me sentí mal por lo que había dicho. Con todo, no me pude tragar mi orgullo, correr tras de ella y pedir perdón. (Estoy seguro que se puede identificar, así que no me lo tome en cuenta, aun cuando soy un «experto» en esos asuntos). Me asomé a la ventana para asegurarme de que estaba bien, y sentí alivio al ver que regaba con tranquilidad las flores en nuestro jardín del frente. Pensé que podría tomar una pequeña siesta hasta que terminara de regar y luego con suavidad comenzaría una conversación sobre la «responsabilidad mutua» de nuestra «infortunada riña». Sin embargo, no pude cerrar los ojos. Dormir era una remota posibilidad.

Fui a la puerta y dije:

—Quiero que hablemos, que averigüemos qué nos pasó.

Marylyn ni me miró, ella nunca lo hace en momentos como este. Con todo, dijo con una voz suave, que apenas lograba oír:

—Estaré allí en unos minutos.

Cuando entró, nos sentamos en nuestro dormitorio y poco a poco comenzamos a trabajar en nuestro conflicto.

—¿Qué piensas acerca de nuestro conflicto? ¿Cómo sucedió? —le pregunté.

Desde su perspectiva, la explicación fue sencilla.

—¡Neil, tú estabas demasiado sensible, muy a la defensiva, innecesariamente hiriente y hablaste demasiado alto! —respondió.

—¡Lo siento! —dije.

Sin embargo, cuando pensé en el asunto y de manera consciente bajé mi defensa, me di cuenta de que ella tenía razón y acepté mi merecido. Le dije que entendía su punto de vista, acepté que mi comportamiento debió haber sido hiriente y le pedí perdón. Luego, juntos repasamos un poco los acontecimientos de la semana. A medida que analizamos todo ese problema, comenzamos a darnos cuenta por qué estaba hipersensible y puedo decir que Marylyn comprendió más el origen de mi «mal comportamiento». Ella se acercó y se sentó junto a mí.

Luego, comenzamos a hablar de otras cosas que no habíamos comentado lo suficiente. Ella me expresó todo tipo de sentimientos y pensamientos al igual que yo. Increíble, ¡pero pasaron tres horas sin darnos cuenta!

Bajamos al primer piso y juntos preparamos la cena, escuchamos nuestro programa de radio favorito, *A Prairie Home Companion* con Garrison Keillor, y nos sentamos juntos durante varias horas en nuestro sofá.

Ese episodio se resume a esto: En realidad, estaba enfadado con ella y ella también lo estaba conmigo, ¡pero lo resolvimos enseguida! No dejamos que el sol se pusiera sobre nuestro enojo. Después que sacamos las cosas a luz, comprendimos con claridad nuestros sentimientos y comentamos nuestras diferentes perspectivas, incluso sentimos más amor el uno por el otro.

Lo que *usted* necesita cuando se encuentra frente a un conflicto, y lo que yo necesito, es un concepto de sí mismo bien desarrollado, un conjunto de actitudes bien practicadas y una mente y lengua eficiente. Si sabe cómo enfrentar la *solución del abrumador conflicto*, su matrimonio se puede transformar de miserable a maravilloso en tres horas o menos.

Cómo extraer el «oro» de cada conflicto

Recuerde, la meta no es solo pasar a través del conflicto, sino utilizarlo para el crecimiento y el progreso. Con esto en mente, le ofrezco cuatro pautas para beneficiarse con rapidez de cualquier conflicto.

1. Deje claro como el cristal su compromiso a la libertad individual de ambos cónyuges.

Como mencioné antes, no se debe alarmar si hay conflicto en su matrimonio; se debiera alarmar si *no lo hay*. Por lo general, les digo a las parejas mi fuerte creencia de que ambas personas en un matrimonio tienen el legítimo derecho de tener sus propios pensamientos, sentimientos y opiniones, en especial cuando chocan con los puntos de vista de la pareja. Animo a las personas casadas a que le den importancia a este valor matrimonial: «Ambos tenemos el legítimo derecho a tener pensamientos y sentimientos propios incluso cuando no estemos de acuerdo».

2. *En el momento del conflicto, ambos cónyuges tienen el derecho a que lo escuchen y comprendan a plenitud.*

Hay que reconocer que Marylyn y yo solíamos practicar solo lo opuesto. Al principio de nuestro matrimonio, cuando nos enfrentamos al conflicto, dejábamos de comprendernos en un esfuerzo de hacer que nuestra propia posición pareciera de manera obvia la adecuada. Los resultados eran previsibles: los conflictos nos separaron en lugar de unirnos más.

Cuando siente que su pareja se niega a entender lo que intenta decirle, esto mata la motivación de tratar de comprenderla a cambio. Más importante aun, prolonga el tiempo que se tiene que esperar para «extraer» la valiosa percepción que cada persona trae consigo. El conflicto amenaza con ser cada vez mayor mientras que la veta madre de «oro» se reduce al tamaño de una hojuela.

3. *Trate el aporte potencial de ambos cónyuges de una manera valiosa y respetable.*

En un momento de conflicto no tengo nada más que darle a Marylyn que exteriorizar mis pensamientos, sentimientos y opiniones. Claro, lo mismo sucede con ella. Lo que he aprendido a través del tiempo es que lo que ella aporta parece ser más valioso a medida que lo comprendo más y me concentro en lo mismo. Creo que las personas saludablemente casadas casi siempre tienen grandes ideas que comentar entre sí en un momento determinado.

Por ejemplo, a medida que escribía los capítulos de este libro, se los pasaba a Marylyn para recibir sus comentarios. Nunca había hecho esto antes. Debido a que este es mi séptimo libro, ya se imaginarán por qué esperé tanto tiempo para pedir su opinión. Creo que nunca se me ocurrió que ella tenía contribuciones editoriales específicas para mi redacción. En el pasado, leía en voz alta cada capítulo y ella hacía comentarios en general. Aunque esta vez, le pedí que leyera el material con detenimiento y que me propusiera ideas específicas.

No puedo describir cuán intuitiva y creativa ha sido ella. A menudo he experimentado una sensación de deuda por su habilidad para hacer importantes contribuciones a cada capítulo. Admitiré que ha habido momentos en los que me siento amenazado porque puede tratar mejor los problemas que yo. A pesar de todo, he aquí la idea: ella aporta una perspectiva única de esos asuntos, al igual que cada cónyuge en cada matrimonio trae consigo sus perspectivas únicas frente a asuntos y problemas determinados. Si aprendemos a apreciar esto, lograremos «extraer el oro» con gran precisión y eficiencia.

4. ¡Escuche, escuche, escuche!

Cada cónyuge trae consigo una perspectiva de mucho valor a cada momento, la única manera de reconocer y optimizar ese valor es escuchando. Escuchar con sabiduría es lo que los cónyuges deben desarrollar en el matrimonio, es la técnica más obvia para acopiar y salvaguardar el oro que cada cónyuge aporta a cada momento crucial dentro del matrimonio.

Detenga la espiral descendente

Por lo general, el conflicto es positivo en las primeras etapas. Si lo enfrenta con rapidez y eficiencia, se puede convertir en un recurso útil para su matrimonio. Sin embargo, el conflicto puede ser cada vez más perverso mientras esté escondido tras las sombras. Lo beneficioso de resolver enseguida el conflicto es que no permite que la espiral descienda, para convertirse en más destructiva, y dañe los cimientos de su matrimonio.

Algunas veces me pasa que el conflicto que no se enfrenta es como la deuda nacional. No solo tiene que reintegrarla en algún momento, sino que el interés sobre la deuda se vuelve agobiante. Si tanto usted como su pareja se sienten heridos y frustrados, las heridas y la frustración que nunca han resuelto, puede costar mucho pagar el interés a lo largo del tiempo. Si sus cuentas matrimoniales se mantienen al día, nunca tendrá que pagar una cuenta de intereses.

CONCLUSIÓN

Un matrimonio fabuloso está al doblar de la esquina

Cuando un matrimonio se vuelve más satisfactorio de manera significativa, todo el mundo sale beneficiado, y usted y su pareja serán los más beneficiados. Sin duda, sus hijos y sus padres saltarán de alegría. Sus amigos y sus colegas estarán emocionados. El mundo entero será un poco mejor porque su matrimonio es más feliz y sano. Siempre he comentado que nuestro reto número uno como sociedad es mejorar la situación de nuestros matrimonios. ¿Por qué no comenzamos con el suyo?

Después de todos estos años como sicólogo, puedo decir esto con confianza: *el matrimonio es la mejor institución que se inventara jamás*. Cuando un matrimonio está bien, es el lugar en que dos personas logran encontrar la más refinada amistad y compañía que conocieron jamás, un sentimiento profundo de seguridad en medio de un mundo alarmante, una profunda sensación de compañerismo en la emocionante tarea de criar hijos, compartir cargas frente a las interminables exigencias y deberes, una pareja sexual con la que existe confianza ilimitada y compromiso permanente, y una compañía espiritual para el apoyo y el ánimo mutuo. No existe ninguna otra institución que ofrezca tantos beneficios... y en una sola relación. Todos estos magníficos beneficios provienen de un hombre y una mujer que han desarrollado entre sí *un buen matrimonio*.

Quizá su matrimonio no sea tan bueno. ¿Entonces qué? Entonces lea este libro tantas veces como sea necesario y confíe en que mi promesa será una realidad tanto para usted como para su pareja. He aquí esto: su matrimonio puede ser al menos diez por ciento mejor en los siguientes doce meses, y si lo es, los dos estarán llenos de esperanza. Cualquier matrimonio que se mejore diez por ciento este año puede volverse diez por ciento mejor el próximo año. Puede observar con facilidad cómo su matrimonio es capaz de cambiar y cultivarse de una manera extraordinaria en los siguientes meses y años.

Tres principios que pueden cambiar su matrimonio para siempre

Algunas veces complicamos demasiado al matrimonio, ¿no es cierto? Lo analizamos, estudiamos, escudriñamos, evaluamos, exploramos y probamos. Mi enfoque claro se centra en tres principios sencillos que pueden con rapidez y facilidad mejorar su matrimonio de una manera impresionante:

1. Elimine lo negativo al acentuar lo positivo.

La única gran tendencia que los esposos deben resistir cuando aparecen las tormentas matrimoniales es adoptar un enfoque para la relación *centrado en el problema*. Un enfoque mucho más eficaz es maximizar los puntos fuertes de la relación, elevar la importancia de sus valores colectivos y nutrir su amor para que cobre fuerzas.

No me refiero a que nunca deben visitar un sicólogo, siquiatra ni consejero matrimonial cuando experimenten rayos y truenos en su relación, sino que no les aconsejaría que vayan allí primero. Lean juntos los capítulos de este libro, una y otra vez si es necesario, hasta que comiencen a pensar de una manera más positiva sobre la vida que comparten. La mayoría de los divorcios son el resultado de un proceso profesional que en esencia resulta del ataque mutuo. Esta tendencia nacional tiene que detenerse, y para usted puede detenerse en este preciso momento.

La clave para el crecimiento matrimonial es volver a descubrir todos los motivos que sintieron los esposos cuando se enamoraron por primera vez. Una vez que los redescubra, establézcase dentro de un patrón gozoso de vivir con esas percepciones positivas una semana tras otra. Inspírense juntos, rían juntos, aprendan a ser optimistas juntos y tóquense entre sí de una manera amorosa cada vez que tengan la oportunidad.

Si tuviera un medidor de felicidad bien visible en usted, le garantizo que un enfoque centrado en el problema para fortalecer su matrimonio daría una lectura baja, pero llevando al máximo todas las experiencias positivas en su vida en pareja la lectura se elevaría.

A este enfoque hacia la revitalización matrimonial lo llamo el trato delicado y lo recalco a través de este libro. El secreto es poner fin al trabajo demasiado brusco en su matrimonio y dejar de aguijonear y presionar el centro de su matrimonio sobre asuntos críticos, retos y carencias. Aprenda a cómo actuar con amabilidad a fin de hacer crecer su amor, y luego, como si estuviera viendo uno de los tiros de golf más espléndidos de Tiger Woods, observe cómo su matrimonio se eleva cada vez más alto, en línea recta al centro de la calle de la vida.

2. Aprenda a mantener siempre a su amor en el centro de sus pensamientos.

Si desea que el amor matrimonial crezca, aproveche al máximo los momentos en los que su pareja ocupa el centro de sus pensamientos. Nada es más importante cuando se trata de cultivar el amor. Su amor está destinado a crecer si sorprende a su persona favorita con alguna señal de que ha estado pensando en ella durante todo el día. Si llama a su pareja durante el día, ella sabrá que se encuentra en el centro de sus pensamientos. Si apaga el televisor para atenderla, le demostrará que es su prioridad.

No existe límite para las formas en que puede demostrar quién es el centro de sus pensamientos. El principio es tan antiguo como el mismo amor: nosotros pensamos en las cosas que hemos aprendido a valorar más. Si estás sin cesar en el centro de mi mente, y si te lo demuestro de modo convincente, te darás cuenta de mi amor por ti... y el tuyo crecerá para mí.

Un hecho fundamental en el matrimonio es que su calidad depende de la riqueza del amor que exista entre dos personas. El amor está relacionado con la importancia relativa que cada persona tiene en la vida de la otra. Esa importancia se puede medir a través de la frecuencia en que una persona mantiene a la otra en el centro de sus pensamientos.

Es por eso que Marylyn tiene mi foto y yo la suya en nuestro escritorio del trabajo, así que nuestros pensamientos y sentimientos se centrarán allí. Es por eso que oramos el uno por el otro durante el día. Por eso mismo nos enviamos un regalo sorpresa de vez en cuando; es como que si dijéramos: «Este es un pequeño recordatorio para que sepas que siempre estoy pensado en *ti*, pues hasta ahora *tú* eres la persona más importante en mi vida».

Si el trabajo se vuelve cada vez más importante que su pareja, menguará el amor. Por supuesto, si cualquier otra persona aparece entre ustedes, es casi seguro que el amor dentro del matrimonio lo padecerá. Solo hay espacio para una persona en el centro de nuestros pensamientos, y si siempre es el amor de su vida, su matrimonio se elevará a los cielos.

3. *Viva el camino hacia un matrimonio grandioso.*
El matrimonio es como una sinfonía. Si usted y su cónyuge siguen el ritmo del amor, sus vidas estarán mil veces mejor que cualquier cosa que alguno de los dos pueda haber logrado solo.

El requisito fundamental de un matrimonio sinfónico es la experiencia sincronizada de los casos y sucesos que contribuyen al máximo al crecimiento del amor. He identificado siete de ellos y he explorado cada uno en este libro. Cuando la pareja participa de lleno en cada uno de estos aspectos al compartir su vida, tendrán una relación matrimonial que será rica y profunda, que los unirá y fusionará, que los mantendrá juntos por siempre.

El *romance* es uno de los factores que más une al matrimonio. ¡Cualquier matrimonio puede ser más romántico! El romance entrelaza, alma con alma. He aquí la garantía: forje más romance en su matrimonio y comenzará a tener una nueva voz. El ritmo de su amor será como el cristal claro, incluso en medio de una vida llena de interrupciones y obligaciones.

Otras seis poderosas vivencias los llevarán a ambos a la plena satisfacción matrimonial. *¡Inspírese!* Tengan un matrimonio en el cual dos personas se inspiran juntas y yo le mostraré a cambio un matrimonio que viaja como un cohete espacial hacia las estrellas.

Intente practicar la experiencia de *tocarse*, con suavidad y amor de forma regular, y su matrimonio será más flexible, tierno y enriquecedor.

Asimismo, haga de la *espiritualidad* una parte significativa de su relación. Conversen sobre el lugar que Dios ocupa en sus vidas. Si encuentran armonía en esta esfera de espiritualidad, su matrimonio se cargará del poder que lo llevará a través de un valle y lo llevará hacia los picos más altos de la experiencia humana.

Si juntos tienen la experiencia de una *carcajada*, sienten el *optimismo* mutuo por el futuro que les depara su unión y aprenden la forma de enfrentar los *conflictos* a conciencia y con rapidez, su matrimonio crecerá como fuego incontrolable.

El matrimonio está hecho para que sea alegre, satisfactorio, emocionante y divertido, y será realidad cuando juntos construyan esas siete experiencias en su vida.

¡Es hora de comenzar!

La pareja solo tiene una vida para disfrutarla juntos. No desperdicien ni un instante. Puede ser una vida muy *grandiosa*.

Dondequiera que esté en su viaje matrimonial, póngase en marcha en la debida dirección. Si se siente atrapado en este instante, no tiene que continuar así. Puede contagiarse del ritmo del amor... y disfrutar todas las recompensas de una fantástica relación. ¡Ponga atención! Su matrimonio puede ser al menos diez por ciento mejor dentro de los doce meses siguientes. Y si es así, el velero de su matrimonio atrapará la poderosa brisa de la esperanza. Irá rumbo a una mejor experiencia humana de la que conociera jamás.

A decir verdad, estoy entusiasmado por usted y oraré por un buen resultado en cada paso del camino.

NOTAS

CAPÍTULO 3

1. Elton Trueblood, *The Humor of Christ* [El humor de Cristo], Harper & Row, Nueva York, 1964, p. 15.
2. Fiódor Dostoievski, *El adolescente*, W.W. Norton, Nueva York, 1971.

CAPÍTULO 4

1. Martin E.P. Seligman, *Learned Optimism* [Optimismo aprendido], Pocket Books, Nueva York, 1990.

CAPÍTULO 5

1. J. A. Adande, *Los Ángeles Times*, 30 de octubre de 1999, sección deportiva.
2. Robert W. Service, seleccionado de *The Speaker's Sourcebook* [Libro de referencia del orador], ed. Glenn Van Ekeren, Prentice Hall, Nueva York, 1988.

CAPÍTULO 6

1. Clifford L. y Joyce J. Penner, *El hombre y la sexualidad*, Editorial Caribe, Nashville, TN, 1998.

CAPÍTULO 7

1. *Newsweek*, 28 de noviembre de 1944.

ACERCA DEL AUTOR

Neil Clark Warren es uno de los sicólogos en relaciones humanas mejor conocidos de Estados Unidos con treinta años de práctica privada. Se graduó de licenciado en sicología en la Universidad Pepperdine, su maestría en teología la obtuvo en el Seminario Teológico de Princeton y su doctorado en sicología clínica en la Universidad de Chicago.

Además, el doctor Warren es un conferenciante muy solicitado que fascina a sus oyentes con su habilidad para describir de manera apasionada asuntos complejos en un formato sencillo, práctico y fácil de comprender.

La revista *Time* proclamó el primer libro del doctor Warren, *Make Anger Your Ally* [Haga de la cólera su aliada], como un libro que se «debe leer». Su otro libro: *Finding the Love of Your Life* [En busca del amor de su vida] fue un éxito de librería internacional y premiado con la Medalla de Oro como el mejor libro de matrimonios en Estados Unidos. Warren también es el autor de *Learning to Live with the Love of Your Life* [Aprenda a vivir con el amor de su vida], seleccionado en 1995 por el *USA Today* por haber hecho una excelente contribución al campo de las relaciones matrimoniales.

Un invitado frecuente de la televisión nacional y programas de radio a través del país, el doctor Warren y su esposa Marylyn viven en el sur de California. Ellos tienen tres hijas adultas.